질문의 격

옳은 방식으로
질문해야

답이
보인다

질문의 격

유선경 지음

언제나 물어야 해.
언제나 의심해야 하고.

_헤르만 헤세, 『데미안』

작가의 말

당신을
'질문'이라는

무궁무진의
세계로 초대합니다

반백 년을 넘게 살았다. 나 혼자 나이 먹는 게 아니라 자연스레 주변 사람들도 그러하다. (만약에 그랬으면 얼마나 외로울 뻔했는가.) 어느 날, 지금까지 해온 나의 생각들과 교우를 통해 내게 쌓인 그들의 생각을 헤아리다 놀라운 사실을 발견했다.
"그때도 몰랐는데 지금도 모른다! 세상에나!"
사람은 모르는 게 있으면 묻기 마련이다. 그런데 여전히 같거나 비슷한 질문을 되풀이하고 있다. 해결된 것은 하나도 없어 보인다. 도대체 이유가 뭘까 하고 한동안 생각을 공굴렸다. 묻기만 하고 답을 찾지 못한 걸까? 그러다 불현듯 머릿속에서 하나의 문장이 만들어졌다.

"당신이 답을 찾지 못했다면 질문이 잘못됐기 때문이다."
이 책, 『질문의 격』을 쓴 계기다.

질문이 잘못될 수 있다는 생각은 이전에 해본 적 없었다. 질문이면 다 좋은 줄 알았다. 안 해서 문제지, 해서 문제될 게 뭐 있겠는가, 하고 말이다. 그러나 질문한 만큼만 답이 나온다. 지금까지 우리는 질문을 모르는 게 있어서 물음, 정도로만 여겼다. 이것은 질문이라는 우주에서 은하계의 지구의 한반도의, 어느 섬에 머무르고 있는 수준이라 할 수 있다. 질문은 모르는 게 있어서 하기도 하지만 더 나은 답을 얻기 위해서도 필요하고 사고나 실수를 예방하기 위해서도 필요하다.

더해서 올바른 방식으로 질문하면 새로운 관점이 생기고 이를 통해 사고력의 확장, 발상의 전환, 창의적인 발상을 할 수 있다. 자기 주도적인 삶의 시작이다. 스스로 질문하고 답을 찾아가는 동안 주체적인 인간이 된다. 스스로 질문을 하고 세상을 바라볼 때 차오르는 생동감은 남이 내놓은 답을 수동적으로 받아들일 때는 없던 것이다. 그뿐인가. 인간관계에서도 꼭 필요하다. 그러나 이상의 효과들은 (다시 강조하지만) 딱 질문한 만큼만, 정확히는 질문한 수준만큼만 얻을 수 있다. 그렇게 질문하는 방법이 대단히 어려운 게 아닌데 아무래도 우리 사회는 지금까지 질문의 힘을 과소평가했던 모양이다. 그러지 않고서야 이렇게까지 아무도 우리에게 안 가르쳐줬을 수가!

이 책에서 빈번히 만날 '답'이 무엇에 기준하는지 밝혀야겠다. 열린 사고입네 하는 이들은 답이라는 건 없다고 일갈한다. 영 틀린 말은 아니지만 그렇다고 맞는 말도 아니다. 개인적으로 "세상에 답은 없어"라고 단정하는 말을 반기지 않는다. '답'이 무엇인지에 대한 개념이 열려 있지 않은 상태에서 호탕하게만 하는 말이면 더욱 그러하다. 답은 있다. 있으니까 답이라는 말이 있겠지. 단지 상대적이거나 변할 뿐이다. 그래서 답에 갇히면 곤란하다.

상대적이지 않고 변하지 않는 답을 원하는가? 그러한 답을 두고 '진리'나 '공리'라고 따로 칭한다. 그러니 어차피 답도 없는데 뭣하러 질문하느냐는 게으름부터 떨쳐내자. (이 책은 진리나 공리가 아닌 답을 구하기 위한 질문에 대해서 다룬다.) 무엇보다 사람의 본성이 답을 알아내고 싶어한다. 알아내지 못하면 만들기라도 해야 직성이 풀린다. 물론 질문하고 답하는 과정에 필수인 '생각'에는 적지 않은 에너지가 소모된다. 그러나 '답'을 구하기 위해 무엇을 어떻게 하느냐는 태도가 곧 사람의 됨됨이자 인생으로 이어진다. 멀리는 사회와 국가의 정체성이 된다.

이제 더 이상 답을 만들어 급조하지 말고 차근차근 구하자. 그러기 위해 가장 현명한 태도는 역시 '질문'이다. '옳은' 질문이다.

"당신이 답을 찾지 못했다면 질문이 잘못됐기 때문이다"라는 말을 뒤집으면 "옳은 방식으로 질문하면 답을 찾을 수 있다"가 된다. 당신이 옳은 방식으로 질문을 만드는 데 이 책이 만만한 길잡이가 될 수 있기를 바라며 이 글들을 떠나보낸다.

모두에게 참으로 지난했던 겨울을 보내고,
2025년 5월
유선경

차례

작가의 말   6

1장   왜 '옳은 방식'으로 질문해야 하는가

다르게 살고 싶다면 다르게 질문해야 한다   15
이 차이가 질문의 격을 결정한다   22
모른다는 사실을 모르면, 질문할 수 없다   28
  소크라테스와 질문
당신이 질문하지 못하는 이유   41
  우리는 왜 질문하지 못할까?
무사유의 인간은 결코 질문하지 않는다   54
  아돌프 아이히만은 어떻게 43만 7천 명을 살해할 수 있었을까
질문을 통해 얻을 수 있는 5가지 효능   62

2장   옳은 방식으로 질문하는 법

어린이의 호기심과 궁금증을 차용해 질문하라   75

의문사를 사용해 질문하라 86
의문문과 질문 | 질문을 중립화하라 | 의문사 '무엇을'의 중요성
양자적 세상에서의 질문법

맥락을 파악해 질문하라 104

핵심 어휘를 정립하라 114

질문의 의도와 목적을 명확히 하라 118

범주를 좁히고 구체적으로 질문하라 126

생각을 넓히는 질문법 132
데카르트의 질문법 | 피터 드러커의 질문법

AI 시대, 답보다 질문이 중요한 세상 141
AI 시대 질문법 | 질문을 통해 알게 된 인공지능의 정체성

3장 내 삶과 세상을 바꾸는 질문법

답을 묻지 말고 '어떻게' 답을 구할 수 있는지 물어라 163

상황이 바뀌면 답도 바뀐다는 사실을 인지하라 168
달에 대한 관점의 변화 : 창의적인 발상은 어떻게 생기는가?

'왜'가 아니라 '어떻게 하면'으로 질문하라 190

패러다임을 전환시킨 위대한 질문들 198

1장

왜 '옳은 방식'으로
질문해야 하는가

다르게
살고 싶다면

다르게
질문해야 한다

　세계 공통으로 구석기시대 대표 유물은 '돌찍개'다. 박물관의 선사·고대관에 극진히 보존돼 있으나 무심한 눈에는 뒷산 돌탑에 개어얹힌 돌멩이들이나 별반 달라 보이지 않는다. 이 돌멩이가 영감을 불어넣고 상상의 날개를 붙여준다.
　돌찍개의 역사는 250만 년 전, 인류의 조상과 함께 시작됐다. 처음에는 한쪽 면만 떼어내 벼른 '외날찍개'였다. 나무의 껍질을 벗기거나 짐승 사체의 뼈에서 살을 발라내고 뼈를 쪼갤 수 있었다. 160만 년 전 '주먹도끼'라 통용하는 '양날찍개'가 등장하고 이후 백만 년 넘게 사용된다. 인류의 역사를 하루로 가정하면 대여섯 시간 전까지 돌도끼를 들고 다닌 셈이다. 이것이 박물관의 선사·고대관에 보존된 돌찍개의 정체이다.

특히 양날찍개는 현재 스마트폰에 필적하는 첨단 기술의 집약체였다. 끝은 뾰족하게 좌우의 단면은 날카롭게 벼렸고 사람의 손바닥과 비슷한 모양새라 단단히 밀착해 쥘 수 있다. 양날찍개만 있으면 짐승의 가죽을 벗기고 살을 절단할 수 있다. 나무를 베고 땅을 팔 수 있다. 노동시간이 단축되고 삶의 질이 향상했을 것이다. 서구 학자들은 아프리카 초원에 머물렀던 인류가 양날찍개에 힘입어 이동을 결행할 수 있었으리라 추정한다.

겨우 더 떼거나 깎거나 갈거나 쪼거나 벼렸을 뿐이다. 그 '겨우'에 도달하기까지 백만여 년이 걸렸다. 현대인으로서는 어처구니없을 정도로 이해하기 힘들지만 학자들은 양날찍개가 등장하는 데 이것이 결정적이었으리라고 입을 모은다. 바로 '언어'다. "요래 생겨서 이렇게 쓸 수 있는 물건이 있으면 참 편리할 텐데……" 하는 상상을 해본 적 있을 것이다. 상상한 그대로 만들 수 있는 손재주가 있으면 좋으련만 석기인石器人이라고 다 자유자재로 돌을 다뤘을 리 없다. 의도한 모양대로 정교하게 돌을 깎거나 벼리는 데는 상당한 경험과 지식, 기술이 필요하다. 머리로 그리는 사람 따로, 실재화하는 사람 따로였을 것이다. 이 사람이 저 사람에게, 윗대에서 아랫대로 전수했을 것이다. 컴퓨터나 인터넷, 스마트폰 등이 단 한두 명이 아니라 수많은 과학자들과 기술자들의 발상들이

곱해져 현재에 이른 것처럼 말이다. 이런 일은 언어 없이 이루어질 수 없다. 언어의 유용성은 변화하는 현실을 반영하는 것 못지않게 현실을 변화시키는 것에 있다. 양날찍개의 등장은 두뇌나 언어의 진화와 궤를 함께 했을 가능성이 크다.

아래는 하이델베르크인, 네안데르탈인, 아프리카의 호모 하빌리스, 동유라시아의 호모 에렉투스, 시베리아의 데니소바인 등이 백만 년에 걸쳐 홀로 품거나 서로 나눴을 법한 질문들이다. 독자의 이해를 돕기 위해 편의상 현대어로 옮겼다.

A : 아무리 맹수라도 한 번에 다 먹어치울 순 없어. 실컷 먹고 떠날 때까지 기다렸다가 남은 고기를 가져오자. 다른 짐승들이 달려들기 전에 빨리.

B : 가져와서 외날찍개로 발라내는 게 더 힘들어. 편하고 빠르게 자를 수 있는 도구가 없을까?

C : 고기도 고기지만 가죽을 통째로 벗겨내서 추울 때 둘러쓰면 얼마나 따뜻할까? 가죽을 통째로 벗길 수 있는 방법이 없을까?

D : 나무는 어떻고? 돌로 찍어서 쓰러뜨리려니까 시간도 많이 걸리고 힘들어. 땅 팔 때도 마찬가지야. 어떻게 하면 쉽게 나무를 자르고 땅을 팔 수 있을까?

E : 손은 두 개뿐인데 용도별로 돌을 여러 개 가지고 다니면 손을 쓸 수 없어. 다양한 용도로 하나로 합친 돌이 있다면 얼

마나 좋을까?

F : 그거 좋은 생각이다. 네가 한번 만들어 봐.

E : 나는 돌찍개 만드는 데 영 젬병이야. G가 돌찍개 잘 만드니까 걔한테 만들어달라고 하자. 우리 고민을 한번에 해결해 줄 수 있는 새로운 돌찍개를 만들어달라고 하는 거야.

A : 그러면 네 생각을 G한테 가서 잘 설명해 봐.

E : 알았어. 내가 말이라면 자신 있지. 그런데 과연 G가 내 말을 이해할 수 있을까?

편의상 그들의 말을 제법 수준 있게(?) 풀었지만 학자들은 구석기시대 성인의 언어구사 능력이 현대인의 대여섯 살 수준이었으리라 추정한다. 특정한 모양으로 돌을 만들기 위해 언어로 소통하는 능력이 필요했고 꾸준히 향상했을 것이다. 그 결과 양날찍개를 만드는 데 — 백만여 년 만에 — 성공했고 드디어 인류의 이동이 시작됐다.

A : 배고파. 먹을 게 씨가 말랐어. 인구밀도가 너무 높아졌어.

E : 저쪽 사막이 초원이 됐던데 그 길을 따라 쭈욱 가면 먹을 게 있지 않을까?

G : 너희는 맨날 먹는 얘기만 하냐? 나는 사랑에 실패하고 나니까 이 동네가 싫어졌어. 그냥 떠나고 싶어. 새로운 땅으로 가고 싶단 말이야.

E : 그래, 떠나는 거야. 우리에겐 돌찍개가 있어. 이것만 있으면 어디든 갈 수 있어.

A : 우리가 언제까지 썩은 짐승의 고기나 먹는 하이애나처럼 살아야 하냐고. 새로운 곳에 가면 우리도 직접 사냥하자. 그런데 이 돌씩개로는 힘들어. 좀 더 혁신적인 도구를 발명하자. 동물의 뼈를 다듬어서 자루로 만들고 끝에 날카롭게 벼린 작은 돌을 매달아서 던지는 거야. 어때?

G : 와! 너는 천재구나! 당장 만들어보고 싶어.

마침내 그들 중 일부가 아프리카의 초원길을 따라 걷기 시작했다. 호모 사피엔스 사피엔스가 어딜 가나 들고 다니는 스마트폰처럼 저마다 양날찍개를 들고서.

인류의 삶을 변혁시킨 모든 발명품은 기술의 집약체인 동시에 질문의 집약체이다. 문명은 언제나 '질문'과 그 질문이 쏘아올린 '소통'으로 혁신의 첫걸음을 내딛는다. 예나 지금이나 누구는 질문하고 누구는 질문하지 않는다. 누구는 질문을 이해하고 누구는 질문을 이해하지 못한다. 누구는 옳은 질문을 하고 누구는 틀린 질문을 한다. 당연한 결과로 질문하지 않으면, 질문을 이해하지 못하면, 틀린 질문을 하면, 틀린 답을 찾는다.

또한 다른 답을 얻고 싶다면 다른 질문을 해야 한다. 예를 들어 먹을거리가 풍부한 지역을 찾아 끊임없이 이동해야 했던 구석기 시절에 대부분이 습관적으로 이렇게 질문했을 것이다.

"어디를 가야 먹을거리를 찾을 수 있을까?"

백수십만 년 동안 낡은 질문에 낡은 답을 되풀이하다 홀로세 Holocene에 접어들어 대략 만 년 전, 누군가 다른 질문을 던졌다.

"우리가 언제까지 먹을거리를 찾아서 돌아다녀야 해? 먹을거리가 우리를 찾아오게 만들 수 없어?"

이 새로운 질문이 인류를 완전히 새로운 장으로 데려갔다. 정착 농경이 시작됐고 도시가 건설됐으며 본격적인 문명이 막을 올렸다.

참고 "야슐리안형 양날찍개를 사용한 서구는 단순한 형태인 외날찍개를 사용한 동아시아보다 인종적으로 더 우월하다." 1948년 미국 하버드대학의 고고학자 럼 레너드 모비우스(1907~1987)가 주장한 '구석기 문화 이원론'이다. 그는 프랑스의 생 아슐 지역을 시작으로 북아프리카와 유럽, 서아시아 등 주로 백인 거주지에서 양날찍개가 발견된 사실에 근거해 '모비우스 라인'이라는 이론을 정립했으나 1978년 대한민국 경기도 연천 전곡리 선사 유적지에서 무려 4천여 점의 양날찍개가 출토되면서 '구석기 문화 이원론'과 '모비우스 라인'은 오류임이 드러났다. 모비우스의 인종차별적인 학설은 파기되었다. 전곡리 선사 유적지에서는 30여 년간 총 8,500여 점 가량의 유물이 발굴되었고 양날찍개는 대한민국 전역에서 출토되었다.

; Question

Q 당신이 습관적으로 하는 질문은 무엇인가?

Q 정착 농경을 시작한 인류의 발상을 떠올리며 앞서의 답변을 완전히 새로운 시각으로 바꿔서 다시 질문을 작성해 보자.

이 차이가

질문의
격을
결정한다

"아빠는 왜 엄마랑 결혼했어?"

내가 생생하게 기억하는 최초의 질문이다. 당신이 얼굴 가득 웃음과 장난기를 머금고 답하셨다. "엄마랑 결혼 안 했으면 네가 없지." 무슨 뜻인지 당최 이해할 수 없었다. 다섯 살이었다.

내 최초의 질문은, '질문'이라고 했지만 질문이라고 할 수 없다. 다섯 살 어린이가 엄마한테 잔뜩 혼이 나서 골났다. 아빠가 발등에 태우고 춤을 춘다. 어린이의 머릿속에 '아빠는 나를 즐겁게 해주는데 엄마는 혼내기만 해. 다른 엄마라면 얼마나 좋을까? 아빠는 왜 하필이면 엄마하고 결혼한 거야!' 하는 생각이 떠올랐고 어휘력과 표현력 부족으로 단 한 문장, "아빠는 왜 엄마랑 결혼했어?"라고 내뱉었다. 질문이 아니라 "나를 혼내는 엄마가 미워!"라는 불평이다. 비슷한 질문(아닌 질문)으로 이러한 것들이 있다. "세상이 왜 이 모양일까?", "쟤 왜 저래?", "이런 일이 벌어질 줄 몰랐어(이렇게 될 줄 몰랐어)?", "왜 이것도 못해?", "왜 안 했어?", "내가 얼마나 기분 나빴는지 알아?", "이 음식 맛없지?", "결혼할 거야?", "취직할 거야?", "날 사랑하기는 했니?"……

문장에 '왜'를 넣는다고, 문장 끝에 물음표를 매달아 놓는다고 다 질문이 될 수 없다. 질문에는 목적과 방향이 있다. 모르는 것을 알기 위해, 답을 찾거나 문제를 파악해서 해결하기 위해 방법을 찾는 것이다. '모르는 것을 알기 위해', '문제를 파악해서 해결하기 위해'가 목적이라면, 답이나 방법을 찾는 것이 방향이다. 앞서 예시로 든 질문(아닌 질문)들에는 그러한 목적과 방향이 없다. 불평, 불만, 비난이거나 무턱대고 투척해서 뭐라도 걸려라 하는 말丟 미끼다. 솜씨 좋은 재단사라도 된 양 판단을 끝냈고 답을 정해 놓았기에 상대의 생각이 궁금하지 않다. 그러므로 질문이라 할 수 없다.

여기서 잘못된 질문의 특징이 드러난다. **잘못된 질문은 대화하기 싫게 만든다. 할 말 없게 만든다. 심지어 갈등이나 불화를 조장한다.** 상대를 할 말 없게 만들고 싶거나 일부러 갈등이나 불화를 조장하고 싶다면 잘못된 질문이 효과적이라는 뜻도 된다. 옳은 질문은 대화하고 싶게 만든다. 질문하는 당사자의 마음을 열게 하고 상대의 말에 귀 기울일 수 있도록 태도를 다듬어준다. 이 차이가 질문의 격을 결정한다. 그렇다면 앞서의 불평, 불만, 비난 등이 담긴 질문(아닌 질문)을 올바르게 바꿔 대화로 이어지게 만들 수 없을까. **상대의 생각을 자신의 생각을 기준으로 평가하거나 통제하려는 위치에서 내려와 질문을 '중립적'으로 바꾸면 된다.**

"세상이 왜 이 모양일까?"
ㄴ "지금 어떤 문제가 세상을 어렵게 만들고 있을까?"

"쟤 왜 저래?"
ㄴ "쟤한테 무슨 일이 생겼나?"

"이런 일이 벌어질 줄 몰랐어?"
ㄴ "이렇게 된 원인이 무엇일까?"

"왜 이것도 못해(혹은 안 해)?"
ㄴ "어떻게 하면 (잘) 할 수 있을 것 같아?" 또는 "혹시 힘들거나 어려운 점이 있는지 물어도 될까?"

"내가 얼마나 기분 나빴는지 알아?"
ㄴ "(나한테 한) 너의 태도를 내가 어떻게 느낄 것 같아?"

"이 음식 맛없지?"
ㄴ "이 음식 맛 어때? 입에 맞아?"

"결혼할 거야?"
↳ "결혼에 대해서 너는 어떻게 생각해?"

"취직할 거야?"
↳ "취직에 대해서 너는 어떻게 생각해?"

옳은 질문은 상대에게서 말을 이끌어낸다. 알지 못한 생각을 알게 해준다. 새로운 관점에서 바라볼 수 있게 하고 이해의 폭을 넓혀준다. 이러한 질문 없이 투척하다시피 하는 불평이나 불만, 비난 등은 섣부르며 무엇보다 오해일 가능성이 크다. 알고 나면 부끄러워질 오해 말이다.

다섯 살 때 했던 질문을 세월이 한참 흐른 뒤 똑같이 했다. "아빠는 왜 엄마랑 결혼했어요?" 아빠가 엄마랑 결혼하지 않았다면 내가 존재할 수 없다는 생물학적 사실을 아는 나이였다. 당신은 웃음과 장난기 대신 무표정하게 답하셨다. "같이 살고 싶어서 결혼했지." 다시 질문했다. "근데 왜 그렇게 싸워요?" 아빠는 대답 대신 국물만 떠 드셨다. 아무래도 내 질문이 잘못된 모양이다. 인정한다. 질문이 아니라 비난이었다. 잘못된 질문에는 할 말이 없다.

'세상에 잘못된 질문은 없다'고 한다. 무엇에 대해서든 호기심이나 궁금증을 가지는 것은 잘못되지 않았다는 의미다. 그러나 질문에는 분명히 옳은 방식과 잘못된 방식이 존재한다. 잘못된 방식으로 질문하면 답을 찾을 수 없다. 소설가 어슐러 K. 르 귄의 말마

따나 "잘못된 질문에는 맞는 답이 없다." 많은 사람이 평생 잘못된 질문을 하면서 방황하고 허비한다. 나도 예외가 아니었다.

그나저나 이런 질문이 군중 속을 유령처럼 떠도는 것을 어찌해야 할까. "어떻게 하면 한 방에 대박날 수 있을까?"(도덕성 여부를 떠나) 잘못된 질문이므로 맞는 답이 없다. 그러고 보면 잘못된 질문을 하는 배경에는 불평이나 불만, 비난뿐 아니라 순전히 자기만의 엉뚱한 바람이나 소망도 있는 것 같다. 다시 강조하지만 잘못된 질문에는 맞는 답이 없다. 옳은 방식으로 질문해야 답을 찾을 수 있다.

; Question

Q 자기 생각을 기준으로 심판하거나 통제하려는 질문(아닌 질문)을 받아서 기분 상한 적 있다면 어떤 질문이었는가?

Q 앞서의 질문을 옳은 방식으로 바꿔보자.

Q "어떻게 하면 한 방에 대박날 수 있을까?", "어떻게 하면 한 방에 뜰 수 있을까?" 등을 자신이 궁극적으로 바라는 것이 무엇인지에 바탕해 옳은 질문으로 바꿔보자. (부자가 되고 싶거나 성공하고 싶은 욕망이 잘못된 게 아니다.)

모른다는 사실을

모르면, 질문할 수 없다

질문이란 표준국어대사전에 따르면 '알고자 하는 바를 얻기 위해 물음'이다. 무엇을 알고 싶은지, 무엇을 해결하고 싶은지, 무엇을 다르게 생각하고 싶은지 저마다 달라도 최우선적으로 이 점을 자각하지 않으면 물을 수 없다.

"나는 내가 모른다는 사실을 알고 있다."

모른다는 사실을 모르면 질문할 수 없다. 모른다는 사실을 모르는 상태야말로 진정한 '무지無知'라 할 수 있다. 무지의 상태에서는 아무것도 물을 게 없다. 그러나 모른다는 사실을 자각한다 해도 모른다고 인정하기가 쉽지 않다. 어른에게만 해당하지 않는다. 어린이들도 "너 그것도 몰라?" 하는 말을 들으면 부끄러움을 느낀다. 질문은 모른다는 사실을 드러내는 행위다. 모른다는 사실을 드러내 다른 사람들에게 무식하게 보이고 싶지 않다. 약점 잡히고 싶지 않다. 그래서 몰라도 아는 척한다. 반대로 알아도 모른다고 해야 이로울 때도 있다. 청문회에서 가장 많이 듣는 단어가 '몰랐다'이다. 인간은 자기한테 뭐가 이익이 되는지 계산해서 모르는 것을 아는 척하고 아는 것을 모르는 척한다고 할 수 있다.

이쯤에서 질문을 둘러싼 오해를 풀자. **질문은 모른다는 사실을 알아야 할 수 있다. 모르는 사람은 자신이 모른다는 사실을 모른다. 알아야 모른다는 사실을 안다.** 즉 질문의 수준은 '앎'에 달려 있다. 질문은 얼마나 모르는지가 아니라 얼마나 아는지를 드러낸다. **아무런 질문도 할 게 없다면 알아서가 아니라 몰라서, 혹은 알고 싶지 않아서일 수 있다.**

'앎'은 어디에서 시작하는가. 모른다는 사실을 깨닫는 지점이다. 얼마나 부족한지, 무엇을 어떻게 잘못 알고 있는지 깨닫는 순간마다 앎이 시작된다. 여기에서 방향을 거스르거나 틀어주고, 확대하고, 파고들게 하는 도구가 질문이다. 앎의 수준을 두고 이런 비유를 들고 싶다. 연못에 뜬 가랑잎만큼 알아도 수준이 높다고 여길 수 있고 강에 뜬 유람선만큼 알아도 수준이 낮다고 여길 수 있다. '겸손'에 달리지 않았다. 내가 처한 세상을 얼마나 정확하게 알고자 하는지에 달려 있다.

대충 아는 것은 무지와 크게 다르지 않다. 무지의 주요 특징은 질문하지 않고 자꾸 답을 하려든다는 것이다. 잘 안다고 스스로 믿기에 타인의 말이나 생각에 관심도, 호기심이나 궁금증도 없다. 그저 답을 하려고만 든다. 그 답으로 상대를 설득하려거나 통제하려거나 가르치려 든다. 그러는 이유가 '상대를 위해서'라고 한다면 구태여 그 진심까지 의심하지 말자. 그러나 질문하지 않는 사람이 내놓는 답을 믿지 마라. 무지한 답이기 때문이다. (여기서 '질문하지 않는다'는 말에 대한 구체적인 의미는 당신에게 한 번도 제대로 된 질문을 한 적 없거나 평소에 질문하는 습관이 없는 사람이라는 뜻이다.) 어떤 의미의 무지인가.

소크라테스와 질문

훤한 대낮에 등불을 들고 다닌 사람이 있었다. 아테네의 '소크라테스'이다. 아테네 사람들이 무지라는 깜깜한 상태에 놓여 있어 지혜라는 등불을 밝혀주고 싶었다. 이 위대한 스승을 무도한 정치가가 무지한 시민들을 어떻게 선동해 죽음으로 몰고 가는지 생생히 목도한 제자가 플라톤이다. 무지를 깨치는 방법으로 스승은 대화를 시도했고 제자는 책 쓰기를 시도했다. 소크라테스는 단 한 권의 책도 쓰지 않았을 뿐 아니라 문자 사용에 반대한 것으로 보인다. 플라톤이 쓴 책 『파이드로스』에는 등장인물인 소크라테스가 이런 이야기를 소개하는 장면이 나온다. 이집트 신 테우트가 이집트 왕 타무스를 찾아가 자기가 발명한 문자를 이집트인들에게 전파하면 '더 지혜로워지고 기억력이 향상될 것'이라며 설득한다. 이에 타무스가 다음과 같이 말한다.

> 문자는 실은 그것을 익히는 사람들이 건망증에 걸리게 할 것이오. 그들은 글로 씌어진 것을 믿기에 기억력을 활용해 내부로부터 자력으로 기억하려 하는 대신 남이 만든 표시들에 의해 외부에서 기억하려고 하니 말이오. 그러니 그대가 발명한 것은 기억의 영약이 아니라 상기想起의 영약이오. 그대가 제자들에게 주는 것은 지혜가 아니라 지혜처럼 보이는 것이오. 그대의 제자들은 그대 덕분에 제대로 가르침을 받지 않고도 많은 것을 읽을 수 있어 대개는 아무것도 모르면서 자신이 많이 알고 있는 것처럼 보일 테니 말이오. 또한 그들은 실제로 지혜로운 대신 지혜롭게 보이기만 하므로 함께 하기가 어려울 것이오. _『파이드로스』, 플라톤 지음, 천병희 옮김, 숲

갸우뚱할 것이다. 뇌의 신경·정신적 활동을 활발히 만드는 데 독서만 한 게 없다는 주장이 과학적으로 입증됐는데 글이 건망증에 걸리게 할 거라고 하다니, 하고 말이다. 실제로 소크라테스는 문자 사용에 반대했다. 타무스의 말은 곧 소크라테스의 확신이기도 했다.

텍스트를 정확히 이해하고 싶다면 '콘텍스트(텍스트를 해석하는 데 도움이 되는 모든 정보, 사회와 문화, 사회, 환경 등)'가 반드시 필요하다. 기원전 39~40세기 수메르에 쐐기 모양의 설형문자가, 이집트에 그림 같은 상형문자가 있기는 했으나 자음과 모음까지 표현한 최초의 문자는 기원전 750년 무렵, 그리스 알파벳이었다. 소크라테스(기원전 470년~399년)와 플라톤(기원전 428년~348년)은 문자 발명으로부터 불과 3백여 년 안팎의 사람이다. 구텐베르크가 금속 활판 인쇄술을 이용해 활자를 대량 생산한 것이 1445년이니 문자의 힘을 입증하기에 한참 이른 시기였다. 기원전 8세기에 호메로스가 『일리아스』와 『오디세이아』를, 기원전 5세기에 헤로도토스가 『역사』를 썼지만 순수창작이라기보다 구전에 바탕했고 당대에 얼마나 많은 사람이 읽었을지 의문이다. 이후로도 인류는 구어문화권에 살았으며 소수의 엘리트가 아닌 대중을 기준으로 문자문화권이 된 시기는 사실상 근대부터다.

소크라테스의 시점으로 가보자. 기원전 5세기에 문자는 인간의 지적 활동과 관련해 처음 등장한 새로운 도구였다. (이 사실을 인식한 것조차 소수의 엘리트에 불과했을 것이다.) 그러니 소크라테스가 어떤 의도로 문자 사용에 반대했는지 생생히 이해하고 싶다면 앞의 글에서 '문자'를 인간의 지적 활동과 관련해 새롭게 등장한 도구인 인터넷 플랫폼(포털, 검색엔진, 웹, SNS 등)으로 바꾸어 다시 읽으면 된다. 실감나게 와닿을 것이다. 늙으나 젊으나 건망증이 심해졌다는 소리를 심심찮게 들으니 말이다.

현대인에게 인터넷 플랫폼은 뇌의 외장하드다. 언제든 쉽게 연결할 수 있는 든든한 외장하드를 각자 지녔는데 어떻게 모르는 게 있을 수 있나. '남이 만든 표시' 덕분에 사람들은 아는 게 많아졌다. 착각하지 말자. 당신이 안다고 여기는 것이 진실로 '아는 것'인가, '아는 것처럼'인가. 스스로 생각하고 탐구하고 추론[1]해서 선택·판단·결정해야 할 사안을 인터넷 플랫폼에 위탁하고 있지 않은가? 그래놓고 자기가 똑똑하게 처리했다고 착각하고 있지 않은가? **'나'라는 정체성은 어떠한 방식과 과정으로 생각·탐구·추론·선택·판단·결정 등을 경험하느냐가 기억으로 켜켜이 저장되면서 형성된다. '남이 만든 표시'에 위탁한다면 그 정체성은 '남에게 있는 나'일 수밖에 없다.** '나'에게 '남'만 있고 '나'가 없다. SNS 등의 좋아요 표시를 비롯한 남의 평가가 곧 자기 정체성이라고 믿는 배경이다.

'아는 것처럼'은 '아무것도 모르는 것'에 가깝다. 심지어 위험하기까지 하다. 자기 뇌, 나아가 자기 정체성을 남이 만든 표시에 위탁한 터라 묻지 않고 믿는다. 거기에서 찾은 정보가 곧 자기 지식이기에 강력히 주장하고 널리 퍼트린다. 차라리 아무것도 몰라서 아무것도 하지 않는 상태보다 위험하다. 이러한 상황을 소크라테스는 문자(글)가 만든다고 우려했고 이유는 이러했다.

---

1 일상적인 뜻은 '미루어 생각하여 논함'이지만 논리나 사고와 관련해서는 '어떠한 판단을 근거로 삼아 다른 판단을 이끌어 냄'을 뜻하며 이 책에서는 주로 후자의 뜻으로 사용한다.

글은 다음과 같은 특성이 있으며, 그런 점에서 그림과도 같네. 그림으로 그려놓은 것들은 마치 살아있는 것처럼 거기에 있지만, 누가 질문을 하면 아주 근엄하게 침묵을 지킨다네. 글도 마찬가지일세. 자네는 글이 지성을 갖추고 있는 것처럼 말한다고 생각하겠지만, 글이 말하는 것 가운데 어떤 것에 관해 더 알고 싶어 질문을 하면 글은 매번 한 가지 정보만 제공한다네. 일단 글로 적힌 것은 사방으로 떠돌아다니면서 그것을 이해하는 사람뿐 아니라 그것과 무관한 사람의 손으로도 굴러 들어가며, 누구에게 말을 걸어야 하는지 누구에게 말을 걸어서는 안 되는지 전혀 분간하지 못한다네. 그리고 푸대접을 받거나 모욕당하면 그것은 자신을 지킬 수도 자신을 도울 수도 없는지라, 언제나 아비(저자)의 도움이 필요하다네.

_『파이드로스』, 플라톤 지음, 천병희 옮김, 숲

문자는 시각적 신호이고, 풀이해 해석할 수 있는 능력이 지적 수준이다. 이는 문맹이 아닌 문해에 대한 이야기이며 역설적으로 글이 뇌의 기능을 높이는 최적의 역할을 할 수 있는 요건이 된다. 단 한 줄을 읽더라도 시각적 신호를 처리하고 기억을 재생해 개념을 불러오고 논리를 구성하는 고도의 과정이기 때문이다. 아무 의미 없는 낙서를 볼 때와 의미가 있는 글을 읽을 때 뇌의 뉴런과 시냅스의 활동은 확연히 다르다. 후자일수록 뇌에 신선하고 강력한 회로를 형성한다. 쉽게 말해 똑똑해진다. (이러한 똑똑함은 구독자 몇

만이 늘거나 줄거나 하는 것처럼 외부에 의존하지 않는 온전한 내 것이다.)

동시에 글은 필연적으로 오독의 가능성을 품고 있다. 문해력의 수준이 낮아서 오독하기도 하지만 같은 글을 두고 자기중심적으로 제각각 해석하는 경우가 매우 흔하다. 맥락을 떠나 세상에 퍼지면 전혀 다른 의미로 이용당한다. 저자가 억울해도 할 수 있는 일이 딱히 없다. 한편으로 독자는 글을 두고 하는 자신의 생각을 확인받거나 질문하고 싶어도 그럴 수 없다. 최악은 이것이다. 오독해 놓고 잘 안다고 착각하거나 편견을 강화하는 방식으로 가공한다. 차라리 안 읽느니만 못하다. 이런 사태를 방지하기 위해 '언제나 저자의 도움이 필요하다'고 한 말은 결과적으로 대화를 의미한다.

실제로 소크라테스는 '아테네의 등에'를 자처하고 아침부터 밤늦게까지 사람들을 쫓아다니며 대화를 시도했다. '등에'는 파리목의 곤충으로 동물이나 사람의 피를 빨고, 그 유충은 동물의 변이나 시궁창 같은 곳에 서식한다. 그리스·로마 신화에서는 제우스가 사랑한 이오를 헤라가 암소로 변신시키고는 악착같이 쫓아다니며 괴롭히라고 보낸 벌레로 등장한다. 이쯤 되면 등에는 사람에게 할 수 있는 지독한 욕이 아닐까 싶은데 소크라테스가 '아테네의 등에'를 자처한 이유는 이러했다.

"덩치가 크고 혈통이 좋지만 덩치 때문에 굼뜬 편이라서 등에의 자극이 필요한 말에게 등에가 배정되듯, 신에 의해 나는 이 도시에 배정된 것입니다. 그런 등에 역할을 하라고 신께서 이 도시에 나를 배정하신 것 같습니다. 어디서나 온종일 여러분에게 내려앉아 여러분을 일일이 일깨우고 설득하고 꾸짖으라고 말입니다. 여러분, 여러분은 그런 사람을 쉽게 얻지 못할 것입니다. 여러분이 내 조언을 받아들인다면 나를 살려주겠지요. 그러나 여러분은 아마도 졸다가 깬 사람처럼 짜증이 나서 아뉘토스의 조언에 따라 철썩 쳐서 아무 생각 없이 나를 죽이겠지요. 그러면 신께서 여러분을 염려하여 나를 대신할 누군가를 보내주시지 않는 한, 여러분은 잠 속에서 여생을 보낼 것입니다."

_『소크라테스의 변론』, 플라톤 지음, 천병희 옮김, 숲

등에가 날카로운 침처럼 생긴 주둥이로 동물이나 사람의 피부를 뚫고 피를 빨아먹었다면 소크라테스는 끝없는 질문으로 무지함을 빨아들이려 했다. 그는 자신에게 지혜가 없고 단지 '모른다'고 생각하는 그 점에서 지혜로울 뿐이기에 가르칠 수 없고 답을 할 수 없다고 했다. 상대는 물론 자신이 주장하는 논리의 허점을 파고들어 끝없이 캐물었고 끝내 '아포리아^{ἀπορία}'로 내몰았다. 고대 그리스어 아포리아를 직역하면 '막다른 골목'으로, 해결하기 어려운 문제나 모순을 의미한다.

소크라테스가 캐묻는 질문에 답하다가 자기주장에서 모순을 발견(아포리아) 다음에는 어떤 일이 벌어질까. 무엇이 어디에서 어떻게 잘못됐는지 스스로 물을 것이다. 답을 찾기 위해 자신의 경험

과 지식을 샅샅이 뒤질 것이다. 이 과정은 산고産苦와 같으며 그 끝에 태어난 것은 영혼의 아이로서 내면에서 스스로 발견한 진리이다. 이 때문에 (플라톤에 따르면) 소크라테스는 자기가 사고를 이끌어내는 산파 역할을 맡았을 뿐 아무것도 가르치지 않았다고 했다.

우리에게는 등에처럼 쫓아다니면서 무지를 깨쳐줄 스승이 없다. 그러한 스승들은 무지한 대중에게 미움 받아 오래 전에 (사회적으로) 죽임당했다. 다시 나타난다 해도 상황은 다르지 않을 것이다. 아포리아로 내몰릴 일 없이 잠 속에서 여생을 보낸다. 모르겠다. 한 번뿐인 삶이라 아직 죽어본 적 없어 잘 모르겠다. 잠 속에서 보내는 삶과 생생히 깨어있는 삶 중 무엇이 즐겁고 행복할지. 그러나 우리는 둘 중 어떤 삶을 추구할지 선택할 수 있다.

생생히 깨어있는 삶을 살고자 한다면 (스승을 다 죽였으니) 각자가 자신에게 테스 형이 되는 수밖에 없다. 그러려면 우선 모르는 것을 모르는 줄 알아야 한다. 모르는 걸 모른다고 해야 한다. 모르면서 어쭙잖은 답을 하려 들지 말고 질문해야 한다. 누구한테? 내 안의 테스 형에게. 무엇을 위해서? 영혼의 아이가 태어날 수 있도록. 이 무슨 시적인 표현인가 싶지만 누구나 가슴이 답답하다고 느낀 적 있지 않은가. 그게 다 영혼의 아이가 태어나고 싶다고 안에서 가슴을 두드리는데 몰라줘서 벌어지는 일이다. 이러한 아포리아를 경험한 적 없는 사람이 입으로만 매끄럽게 하는 답이 과연 진정한 답이겠는가. '남이 만든 표시'를 그대로 따라 읊어대는 것에 불과하다.

  소크라테스가 문자 사용 반대를 주장한 것은 명백한 오류였지만 '기억력을 활용해 내부로부터 자력으로 기억하려는 대신 남이 만든 표시들에 의해 외부에서 기억해내려' 하는 현상이 어떤 여파를 불러올지에 대한 우려는 이 시대에 더욱 새길만하다. 인터넷 플랫폼에서 찾은 지식은 당신의 지식이 아니다.

; Question

Q 당신이 최근 인터넷 플랫폼을 통해 새롭게 안 지식은 무엇인가?

Q 그 지식과 관련해 비판적으로 생각해 보았는가? 혹은 그 지식과 다른 견해가 있을 가능성에 대해 생각해 보았는가?

Q 구독자 00만 인플루언서라고 자기소개를 하는 경우를 흔히 목격한다. 그 구독자가 줄어들거나 사라지면 정체성도 사라질까?

Q 아포리아를 경험한 적 있는가?

Q 자기주장에서 모순을 발견한다면 구체적으로 어떻게 행동할 것인가?

당신이

질문하지
못하는
이유

 우리는 확실히, 질문하기보다 답하기에 익숙하다. 당연하다. 질문하는 방법을 배운 적 없이 답을 맞혀야, 표적처럼 맞혀야 하는 세월을 보냈으니까. 그 결과 매사 답을 찾아내려 하고 이러한 태도가 고스란히 지극히 사적인 대화에도 이어진다.
 예를 들어 "내가 함께 일하는 A 있잖아. 다른 사람들 있는 데서 나한테 면박을 줬어"라고 했을 때 "무엇 때문에 그랬는데?"라고 한다면 답을 맞히기 위한 문제풀이의 시작이다. "저기 저 나무에 샛노랗게 피어있는 꽃이 무엇일까? 햇살을 받으니까 화사해서 보는 사람이 다 기분이 좋네" 했을 때 앱을 켜서 꽃에 대고 꽃 이름을 말해주는 게 답 맞히기다. "그러는 게 뭐가 나빠?"라고 반문할지 모르겠다. 나쁘지 않다. 오히려 상대에게 도움이 되고 싶은 선한 의도이므로. 그런데 과연 상대가 원한 게 그것이었을까? 그래서 상대에게 도움이 됐을까?

'휴리스틱Heuristic'이라는 심리학 용어가 있다. 난생처음 대형마트에 세제를 구매하러 갔다고 상상해 보자. 고르는 데 5분도 걸리지 않을 거라고 예상했는데 눈이 휘둥그레질 정도로 많은 브랜드와 다양한 종류가 진열된 것을 보면 호기심은 잠시일 뿐, 곧 뇌에 과부하가 걸린다. 그래서 결국 어떤 제품을 고르는가? 이때 발동하는 것이 휴리스틱이다. 정보가 부족하거나 시간이 불충분한 상황에서 경험이나 직관에 근거해 신속하고 효율적으로 의사결정을 하는 인지 전략을 일컫는다.

세제를 예로 들면 가장 합리적인 선택은 세제의 성분을 찾아보고 비교해서 가장 무해한 제품을 고르는 것이지만 현실적으로 힘든 얘기다. 그래서 가장 많이 팔리는 세제를 구매한다. 많이 팔리는 걸 보면 좋겠거니 어림짐작하는 것이다. 필요 이상으로 다양한 제품과 정보가 쏟아지고 있지만 그럴수록 소비자들은 정보가 아닌 휴리스틱에 의거해서 선택하고 결정한다.

다시 앞에서 언급한 사적인 대화로 돌아가면 "내가 함께 일하는 A 있잖아. 다른 사람들 있는 데서 나한테 면박을 줬어"라고 했을 때 "무엇 때문에 그랬는데?"라고 물은 이유는 원인을 알면 상대에게 조언을 해서 도움을 줄 수 있으리라는 휴리스틱이 발동해서이다. "저기 저 나무에 샛노랗게 피어 있는 꽃이 무엇일까? 햇살을 받으니까 화사해서 보는 사람이 다 기분이 좋네" 했을 때 앱을 켜서 꽃에 대고 꽃 이름을 말해주는 이유는 꽃 이름을 알려주면 상대가 좋아할 거라는 휴리스틱이 발동해서이다. 휴리스틱이 신속하고 효과적으로 대응하는 데 도움이 되는 것도 사실이다. 그러나 대화에서는 상대를 김새게 만들 때가 많다. 휴리스틱에는 본인만의 고정관념이나 선입관이 배어 있기 때문이다. 거기에 사로잡혀 상대가 정작 무엇을 필요로 하는지 분위기를 알아차리지 못한다. 의도와 달리 소통이 막히고 만다.

앞서의 대화에는 상대의 감정에 공감하기 위한 질문이 없다. 공감은 내 입장이 아니라 상대의 입장에서 생각하고 느끼는 것이다. 잠깐이나마 '나'라는 한계와 경계를 넘어서려는 위대한 시도이다. **내가 아닌 상대의 입장이 되려면 당연히 정보가 필요하고 정보를 얻으려면 질문이 필요하다.** 오래된 사이라서 굳이 그런 거 안 물어도 알아, 하고 착각하지 말자. 대화는 의외로 형식이 중요하다.

질문은 내가 생각하는 답이 있지만 (나는 답이 A라고 생각하지만) **여러 가지 답이 있을 수 있으며** (B나 C, D 등의 답도 있을 수 있으며) **나와 다른 답을 수용하면 더 나은 선택과 결정을 할 수 있다는 열린 사고에서 나온다.** 열린 사고를 가진 사람과 나누는 대화는 언제나 즐겁다. 대화의 형식을 제격으로 갖췄다.

공감하기 위한 질문을 건너뛴 채 상대의 말을 오로지 문제로 받아들고 휴리스틱을 발동시켜 답을 찾는 식으로 이어지는 대화는 감동이나 기쁨을 주기 힘들다. 곰곰이 생각해 보자. 당신은 당신과 가장 가까운 사람이 무엇에 기쁨과 즐거움을 느끼는지 알고 있는가? 무엇이 인생의 목표이고 당신에게 무엇을 기대하는지 알고 있는가? 그것과 관련해 질문하고 대답을 경청하면서 대화를 나눈 적이 있는가? 눈치나 감, 어림짐작 말고 '대화' 말이다.

그렇다면 학교나 회사, 회의나 모임 등의 자리에서는 어떨까. "질문 있으면 받겠습니다." 내가 이따금 하는 강연이나 북토크 말미에 늘 하는 말이다. 할 때마다 민망하다. 나야말로 학창시절부터 지금까지 사람들 많은 데서 질문이라는 걸 해본 적 없어서다. 그래서 참석자들이 선뜻 질문하지 못하는 심경을 누구보다 이해하고 그래서 더욱 질문을 이끌어내고 싶다. 한 번 질문이 터지면 순조롭게 질문의 항해가 이어진다. '왜 질문하지 않을까?'라는 말은 질문을 받는 사람의 입장이고 당사자 입장에서는 '왜 질문하지 못할까?'라는 표현이 적절하겠다.

..
우리는 왜
질문하지 못할까?

- '창피해서'이다. 질문을 해서 주목받는 자체가 창피할 수 있고, 자신의 질문 수준이 형편없을까 봐 창피할 수도 있다. 특히 후자의 경우 질문했는데 그런 것도 모르냐는 식의 눈총이나 놀림

을 받는다면 두 번 다시 질문하지 않을 것이다. 인간은 무지한 것보다 무지해 보이는 것을 훨씬 더 창피해한다. 그래서 묻고 싶은 게 있어도 **과연 내가 창피함을 무릅써야 할 만큼 중요한 질문인지 갈등하다가 궁금증을 포기한다.**

- '권위적인 풍토에 젖어서'이다. 질문은 기본적으로 기존의 지식이나 정보가 미흡하거나 의문이 생길 때 나온다. 기존 질서를 비틀어 균열을 일으키고 틈을 벌려 기존과 다른 것을 집어넣는 것이라서 주변을 긴장하게 만든다. 자신의 주장이나 생각을 타인의 질문 때문에 검토해야 한다면 누구라도 불안감을 느끼기 마련이다. 권위적이냐 아니냐는 자신의 주장, 혹은 대세의 주장과 다르거나 반대되는 의견을 얼마나 경청하고 어떻게 수용하는지를 보면 알 수 있다. 이 과정에서 필연적으로 발생할 수밖에 없는 불편함을 권위적인 풍토(가 익숙한 집단)에서는 '반론'으로 간주한다. 반론에 대한 인식도 바로잡을 필요가 있지만 무엇보다 질문은 반론이 아니다.

반론 남의 논설이나 비난, 논평 따위에 대하여 반박함. 또는 그런 논설.
질문 알고자 하는 바를 얻기 위해 물음.

반론과 질문은 의도부터 다른데 (권위적인 풍토에서) 질문을 받는 쪽은 '내가 이렇게 말했는데 네가 딴소리를 해?' 하고 내놓고 말은 하지 않아도 속으로 노여움을 품으며 주변에서는 '가만히 있지, 눈치 없이 왜 저런 질문을 해서 분위기를 흐리는 거야?'라고 눈총을 준다. 반론이든 질문이든 개인의 견해는 중요하지 않다. 대신 '가만히 있으면 중간이라도 가지'라는 사고가 만연하다. 그래서 정말로 가만히 있는다. '그렇다고 하니까 그런가 보지 뭐' 하는 식으로 수동적인 사고를 하면 질문이 떠오르지 않는다.

질문에 답을 해야 하는 대상의 세가 훨씬 우위거나 강하다면 심지어 틀린 말을 들어도 질문하지 않을 것이다. 묻고 싶은 욕구가 한가득이라도 **과연 내가 주변에 불편함을 끼칠 만큼, 혹은 밉보일 만큼 얻을 이익이 있는 질문인지를 두고 눈치 보다가 하지 못한다.** 그러다가도 자신의 생존과 직접적인 관련이 발생하면 물러서지 않고 질문을 퍼부을 것이다. 더불어 의문을 제기하면 '네가 해결책을 마련하라'는 식의 분위기도 문제다. 일거리가 늘어나는 셈이니 문제를 알고도 질문하지 않는다.

- '질문의 효능을 경험한 적 없어서'이다. 질문을 해서 더 나은 지식이나 정보를 얻었거나, 관점을 전환시켰거나, 사고력을 일깨웠거나, 유대감을 느꼈거나, 문제를 해결한 경험이 없다면 질문의 필요성을 느끼지 못할 것이다. 질문을 시간 낭비라고까지 여길 수 있다. 누구에게나 호기심이나 궁금증으로 가득 차오르는 순간이 있다. 어린이는 그 순간을 참지 못하고 곧바로 질문

하지만 어른은 잘 참고 질문하지 않는다. 질문해 봐야 뭐해, 답을 들어봐야 뭐해, 싶다. 그래서 묻고 싶은 게 있어도 과연 내가 질문하는 수고를 들여야 할 만큼 중요한 질문인지 가늠하다 관둔다.

- '답을 찾도록 길들여서'이다. 그것도 '정답'을 말이다. 우리는 답하는 사람으로 자랐지 질문하는 사람으로 자라지 않았다. 그렇게 가정이, 학교가, 사회가 길들였다. 답을 맞혀야 똑똑하다는 칭찬을 받았고 출세했다. 세속 답을 맞히면서 승승장구하고 싶다. 가히 '정답 강박증'이다. 질문이 입력되면 곧바로 답을 실행하는 자동입출력기처럼 살았는데 이제 와서 질문이 중요한 세상이 됐단다. 질문을 잘하면 어떤 답이든 찾을 수 있단다. 하지만 억울하게도 지금까지 아무도 우리에게 '질문하기'에 대해 가르치지 않았다.

의문을 제기하고 질문을 하는 사람은 성가신 존재였다. 문제점을 발견하면 원인을 찾아 질문으로 만들고 대책을 세우기보다 곧바로 답을 찾아 즉시 해결하기 원했다. 그 결과 해결책이라고 내놓는 것마다 미봉책이었다. 같은 문제가 반복해서 발생했다. 자신이 내놓은 답을 두고도 왜 그 답이 도출되었는지 설명하지 못한다. 그 설명에 해당하는 이야기가 뒤늦게 궁금하다. 그리고 깨닫는다. 답을 찾도록 길들여 물을 수 있는 것도, 묻고 싶은 것도 없었다는 사실을. 무엇보다 답을 맞히며 사는 것보다 질문을 하며 사는 것이 훨씬 뿌듯하다는 사실을. 왜냐하면 세상 만물에 유일한 정답은 '죽음'뿐이기에. 그 외의 모든 '답'이라고 하는 것은 답이라고 정해서 답이 된 것뿐이기에. 이런 깨달음에 도달하기 전에는 **답을 찾도록 길들인 탓에 묻고 싶은 것이 답과 관련 없을까 봐 관둔다.**

이상 네 가지는 질문을 못 하게 하는 원인이 사회적 분위기에 있다 할 수 있다. 질문을 하면 놀림을 당하거나 약점을 잡히거나 불이익이 생길 것 같아서이다. 이어지는 원인은 개인의 의식과 관련이 있다.

- '알아서 하겠거니' 해서이다. 여기서 '알아서'는 '상식적으로'를 뜻한다. 표준국어대사전에서는 상식을 '사람들이 보통 알고 있거나 알아야 하는 지식. 일반적 견문과 함께 이해력, 판단력, 사리 분별 따위가 포함된다'로 풀이한다. 유사어로 '통념'이 있으며 통념은 '일반적으로 널리 통하는 개념'이다. 상식이나 통념의 풀이에 들어있는 '일반적'은 '일부에 한정되지 아니하고 전체에 걸치는 것'이다. 그러나 이러한 국어사전의 뜻풀이가 애매모호하다고 느끼는 사람이 나뿐일까. '보통'이나 '일반적'의 기준이 저마다 제각각인 시대(사회)에 살고 있다. 이에 대해 전작 『어른의 어휘력』에서 '현대인은 같은 시대를 살아도 동질의 문화권에 살고 있다고 보기 힘들다'고 토로한 바 있다.

문제는 나의 보통이 이러하니 남의 보통도 이러려니 하고 의심조차 하지 않는 데서 발생한다. 이쪽에서는 지극히 상식이고 일반적이라서 구태여 질문하고 확인할 필요성을 아예 발상조차 못 했는데 저쪽의 일처리가 상식 밖이라서 어처구니가 없다. 그래서 '이런 최소한의 상식두 몰라?' 하고 따지려다 자초지종을 들어보면 저쪽도 나름의 상식대로 생각하고 결정한 결과라서 더 이상 잘·잘못을 거론하는 것이 무의미한 상황을 나만 겪지는 않았을 것이다. 이런 사태를 미연에 방지하기 위해 내가 하는 마인드컨트롤은 이러하다. "우리는 모두 저마다 다른 별에서 온 외계인들이다. 당연히 말이 통하지 않는다." 그래서 관련한 사안이나 업무 등과 관련한 개념부터 서로 일치시키는 과정이 우선적으로 필요하다.

아주 사소한 예를 들자면 "상추 씻어라"라고만 하지 말고 "상추 씻어본 적 있어?" 질문하고 없다고 하면 상추 씻는 법을 알려주고 씻으라고 해야 하는 것이다. 이 이야기는 열두어 살 적에 이모가 상추 씻으라고 하길래, 씻는 거니까 박박 문지르면 되겠거니 여기고 열심히 실행했다가 이모의 혀를 차게 만든 경험에 근거한다. 이쪽에서 한 번도 안 해봤으면 물어서 하면 되지 않느냐 하고 반문할 수 있으나 앞서 언급한 것처럼 모른다는 사실을 모르면 질문할 수 없다. 서로의 상식과 보통, 일반적이라는 기준이 일치하지 않는다는 점을 염두에 두고 확인하는 차원에서 질문하자. 애매모호한 질문이나 애매모호한 답변의 결과는 애매모호한 책임소재이다.

'알아서 하겠지'는 재미있는 말이다. 상대를 굳건히 신뢰하기에 따른다는 묵직한 의미일 때도 있지만 '네가 그 정도는 당연히 할 줄 알았어(그런데 안 하다니, 맙소사!)'일 때도 있으며 '내가 그런 것까지 신경 쓰는 게 귀찮아. 네가 알아서 하고 다 책임져'일 때도 있으니 말이다. 어느 쪽이건 '알아서 하겠지'라고 여긴 사람의 책임이 없다 할 수 없다. **상식이나 보통, 일반적이라는 것의 기준이 자기와 같을 거라고 여기면 확인 질문을 할 생각을 미처 하지 못한다.** 질문을 하려고 해도 어디부터 어디까지 물어야 하는지 종잡을 수 없으며 그 결과 제멋대로 해서 문제를 키운다.

- '생각하고 싶지 않아서'이다. '생각'을 크게 두 가지로 분류할 수 있다. 첫 번째는 '네가 자꾸 생각 나', '너를 생각해서 그렇게 한 거야' 류의 기분이나 관심, 바람, 상상 등이고, 두 번째는 '사물을 헤아리고 판단하는 작용', 구체적으로 분석·집중·확산·내면화하는 사고思考이다. 질문을 하려면 '생각'이라는 것을 해야 한다. 사소하고 직관적인 질문에서조차 그러하다. 배고파서 "밥 안 먹어?" 물었을 뿐인데 "이 상황에 밥 타령이냐!"라는 타박을 듣는다면 첫 번째에 해당하는 생각을 하지 않고 질문한 결과이고, 낯선 장소에서 "시청이 어디 있어요?" 물었는데 "저어기 있어요" 같은 답변을 듣고 믿거니 하고 10분 걸어도 안 나

와서 결국 차를 타고 가게 된다면 두 번째에 해당하는 생각을 하지 않은 결과이다. 이 책에서 거론하는 생각은 주로 두 번째에 해당한다.

운동을 하는 상태보다 하지 않는 상태가 편하다. 생각을 하는 상태보다 하지 않는 상태가 편하다. 움직이던 대로만 움직이는 것이 편하고 생각하던 대로만 생각하는 것이 편하다. 특히 뇌는 전체 체중에서 2퍼센트밖에 되지 않으면서 전체 에너지의 20퍼센트나 소모한다. 동시에 주변에서 일어나는 정보를 최대한 수집하고 즉각적으로 반응하기 위해 상당히 산만하다. 게으름과 산만함은 인류가 생존을 위해 DNA에 새긴 본성이며 본성에 충실할수록 인체와 뇌의 기능이 쇠퇴한다. 인류의 수수께끼이자 위대함은 불편과 고통을 감내하고 본성을 거스르게 한 '정신'에 있다.

질문은 본성을 거스르는 대표적인 행위다. 집중해서 생각하고 요약해야 하기 때문이다. 생각하지 않으면 편하고 질문하지 않으면 편하다. **내부나 외부에서 발생한 현상이나 문제를 발견해도 수동적으로 받아들여 판에 박힌 대로 반복하거나 무시해버리면 질문할 것이 없다.** 그 결과 더 많은 문제가 생겨 호미로 막을 것을 가래로 막는 비효율성이 발생한다. 기억하자. 인간의 뇌는 숨만 쉬고 있어도 수많은 정보를 처리해야 하기에 최대한 효율성을 추구한다. 그 결과 나타나는 대표적인 인지오류 중 하나인 인지편향은 쉽고 편할지 몰라도 인간의 정신을 화석으로 만든다. 질문은 화석화를 방지할 뿐 아니라 생각의 화석, 정신의 화석을 무너뜨린다.

그 밖에 질문하고 싶어도 하지 않는, 혹은 못 하는 수많은 이유가 있고 그중에는 '마땅찮아서'도 있을 것이다. 억지로 와서 앉아 있다거나, 상대가 내 질문에 답해줄 능력이 없어 보이거나, 분위기가 마음에 들지 않는다거나, 컨디션이 저조하다든가. 그래서 묻고 싶은 게 있어도 묻고 싶지 않아서 관둔다. 또 자신과 관계가 없거나 관심이 없거나 반대로 자기가 더 잘 안다고 생각하면 질문하지 못할 것이다. 한없이 가벼움을 추구하는 세상인지라 나 혼자 진지한 질문을 하면 우스갯거리나 될 거라는 생각도 한다.

이에 더해 의외의 복병이 있는데, 묻고 싶은 내용을 요약·정리해서 핵심 어휘를 중심으로 분류하고 배치하는 등의 문장 구성을 할 줄 몰라서이다. 질문이란 내용을 요약 정리해서 간결한 문장으로 구사하는 힘이기도 하다. 따라서 내용을 요약하거나 정리하지 못하면 질문하는 문장을 만들기 힘들다. 이는 어휘력, 문해력과 관련이 있다. 언젠가 어휘력이 부족해서 겪는 일상의 불편함을 이렇게 표현한 댓글을 보았다. "머리에 언어가 없어요." 아무것도 안 하면 쇠퇴하는 인체와 뇌의 기능처럼 언어의 기능도 나날이 휘발된다. 이와 관련해서는 뻔한 소리지만 조금씩이라도 꾸준히 학습하는 수밖에 다른 도리가 없다.

이와 같이 우리가 질문하지 못하는 데는 여러 가지 타당한 이

유들이 있지만 이 사실만큼은 부디 기억하자.

　사는 동안 크고 작은 문제가 끊임없이 일어날 것이다. 질문을 통해 대부분의 문제를 해결할 수 있다. 제대로 질문하고, 제대로 답을 듣고, **제대로 내용을 해석하는 습관을 들이면 분별력이 생겨 문제를 방지할 수 있고 문제가 발생한다 해도 해결책을 찾을 수 있다.** 이 때문에 소크라테스는 분별하는 능력이야말로 인간을 행복하게 해준다고 강조했다. 그러니 답을 찾으려 하지 말고 질문을 찾으라. 질문이 당신의 인생을 축조한다.

Q (질문) + A (행동) = I (혁신)

Q (질문) − A (행동) = P (철학)

무사유의
인간은

결코
질문하지 않는다

아돌프 아이히만은 어떻게
43만 7천 명을 살해할 수 있었을까

① 아돌프 아이히만은 반유대주의자가 아니었고 유대인을 증오하지 않았다. 그런데도 유대인 43만 7천 명을 학살했다. 나치 독일이 패망한 뒤 도망자로 살다가 1961년 아르헨티나에서 예루살렘의 정보기관인 모사드에게 체포되어 전쟁범죄 등 15가지 혐의로 기소됐다. 아이히만은 '어떠한 인간도 죽인 적이 없다'고 주장했다. 이쯤 되면 정신 상태를 의심하지 않을 수 없다. 거짓말에 능

숙한 살인마가 틀림없다. 여섯 명의 정신과 의사들이 아이히만을 상담 진찰했다. '정상'으로 판정했다. 의사들 중 한 명은 "적어도 그를 관찰한 후의 내 상태보다도 더 정상이다"라며 탄식했다. 아이히만을 정기적으로 방문한 성직자는 그가 '매우 긍정적인 생각을 가진 사람'이라고 발표했다.

아이히만은 거짓말을 하지 않았고 사이코패스가 아니었다. 특별히 영리하지 않았지만 어리석지도 않았다. 한마디로 지극히 평범했다. 그런데도 43만 7천 명의 유대인을 학살했다. 이것은 수수께끼나 아이러니가 아니다. 2024년 겨울, 우리가 목격했고 논한 주제와 상통한다. "정상이라면 어떻게 그런 행위를 저지를 수 있는가?" 이제 이런 류의 질문에 '그런 행위를 저지른 것을 보니 정상이 아닌가 보다' 식으로 이해해 주지 말기로 하자. 이런 이해는 상식에 기반한 자기합리화의 속성을 가졌다.

철학자 한나 아렌트는 새로운 개념으로 수수께끼를 푼다. '악의 평범성$^{Banality\ of\ evil}$.' 악이 평범해졌다는 뜻이 아니라 평범한 사람이 '스스로' 악을 저지른다는 뜻이다. 대부분의 사람은 정상이고 평범하다. 아렌트에 따르면 그러니까 (평범한) 대다수의 사람이 악을 저지를 소지가 있다는 뜻일까? 이 궁금증을 풀기 위해서는 먼저 물어야 하는 질문이 있다. "아렌트가 말하는 '평범성'이란 무엇을 기준으로 하는가?" 이러한 질문을 꺼냈다면 스스로에게도 물어야 한다. "나는 무엇을 기준으로 평범하다고 말하는가?"

평범하다 휑 뛰어나거나 색다른 점이 없이 보통이다.

보통　명 특별하지 아니하고 흔히 볼 수 있음.

또는 뛰어나지도 열등하지도 아니한 중간 정도.

부 일반적으로. 또는 흔히.

과연 아렌트는 우리가 상식적으로 알고 있는 '평범'과 같은 의미로 '평범성^{Banality}'이라는 어휘를 사용했을까?

② 아이히만은 실제로 어떠한 인간도 죽이지 않았고, 죽이라는 명령을 내리지 않았다. 아이히만뿐 아니라 나치 독일은 유대인을 죽이지 않았다. 나치는 '학살'이라는 명확한 어휘 대신 '최종 해결책', '근본 해결책', '특별취급' 등의 어휘를, '강제이송' 대신 '재정착', '동부지역 노동'이라는 어휘를 사용했다. 이것이 나치의 언어규칙이었다. (홀로코스트를 나치의 언어규칙으로 말하면 '유대인 문제에 대한 최종 해결책'이다.) 그 효과에 대해 한나 아렌트는 『예루살렘의 아이히만 : 악의 평범성에 대한 보고서』에 다음과 같이 기술했다.

이러한 거짓말 체계의 통상적 효과는 자신들이 하고 있는 일을 그와 같은 사람들이 모르도록 하는 것이 아니라, 살상과 거짓말에 대한 그들의 오랜 '정상적인' 지식과 동일시하지 않도록 만들기 위한 것이었다. 아이히만이 구호와 관용구에 쉽게 감염된 점은 그가 일상적 언어사용을 하지 못한다는 점과 결부되어, 그는 '언어규칙'에 대해 이상적인 존재가 되었다.

_『예루살렘의 아이히만 : 악의 평범성에 대한 보고서』,
한나 아렌트 지음, 김선욱 옮김, 한길사

나치는 학살과 강제이송이 일상적으로 어떤 의미인지 당연히 알았다. 나치가 하는 일은 그것이되 그것이 아니어야 한다. 즉 학살을 담당하는 자들이 양심의 가책을 손톱만큼이라도 느끼게 해서는 안 된다. 그래서 학살이되 학살이 아닌 것, 강제이송이되 강제이송이 아닌 것을 뜻하는 새로운 언어규칙을 만들어 사용했고, 아렌트에 따르면 "그 규칙은 이 문제처리에 본질적이었던 아주 다양한 많은 협조체제를 이루어갈 때 질서와 제정신을 유지하는 데 엄청난 도움이 되었음이 입증되었다".

'제정신'이라는 표현에 주목하자. 6백만 명 이상을 대량 학살한 나치 독일인들이 제정신이었고 마지막까지 제정신을 유지했다는 뜻으로 읽힌다. 나치가 만든 '언어규칙'이 그럴 수 있도록 해주었다. 말이나 글이 현실을 반영하지 못하도록 차단하고 엉뚱한 언어를 씌워 다르게 볼 수 있게 했다. 그리하여 사실을 의식하지 못하게 하고 현실에서 분리시키는 목적을 달성했다. 이에 따라 나치는 학살이 아니라 최종 해결책을 수행하기 위해 최선을 다해 법률을 준수한 것이다.

이러한 역사적 진실은 적확한 어휘 사용이 얼마나 중대한가를 시사한다. 특정한 상황에 어떠한 어휘를 사용하느냐는 현실을 어떻게 인지하고 있느냐를 명백하게 증명해 보인다. 우선적인 기준은 '적확한 어휘인가, 오염된 어휘인가'이다. 여기서 '적확하다'는 주관적인 감상이나 사고가 아닌 객관적인 사실 반영을 전제로 한다. '오염됐다'는 사실을 있는 그대로 볼 줄 모르고 남들이 하는 말을 자기 생각으로 흡수하는 것을 뜻한다. 오염된 언어를 사용하는 무리에서는 적확한 어휘를 사용하는 사람이 '평범'하지 않다.

'아주 다양한 많은 협조체제' 또한 자신이 저지르는 행위가 학살임을 의식하지 못하게 하는 데 일조했다. 유대인들을 동유럽의 강제 노동수용소로 이송하기, 수용소에서 체계적으로 분류하기, 가스실 입장과 가스실이 보이지 않는 곳에 스위치를 두고 가스 살포하기, 시신 소각하기 등으로 세부적으로 분리해 나누고 각 단계별 담당자들은 맡은 업무를 그저 반복했다. 손에 직접 피를 묻힐 일은 없었다.

아이히만은 헝가리의 유대인들을 아우슈비츠에 재정착시키는 업무를 맡았고 헝가리의 유대인 72만 5천 명 중 43만 7천 명의 문제를 '최종 해결'했다. 다르게 써본다. 아이히만은 헝가리의 유대인들을 아우슈비츠로 강제이주시키는 업무를 맡았고 헝가리의 유대인 72만 5천 명 중 43만 7천 명을 아우슈비츠에서 학살했다. 차이를 느끼는가? 아이히만은 예루살렘 법정에서 자신이 '법률을 준수하는 시민'이라고 자부심을 드러냈다. 판사들은 그가 하는 말이 처음부터 끝까지 공허한 상투어로 가득하다고 느꼈다. 그가 말하는 법률과 예루살렘 법정에서 말하는 법률이 달랐고 이런 경우

말이 통할 수 없다. 그러나 그것이야말로 아이히만으로 하여금 마지막 순간까지 현실을 모른 채 (우리가 일반적으로 사용하는 의미와 다른 의미의) 제정신을 유지할 수 있도록 했을 것이다.

③ 그렇다고 해도 이해할 수 없다. 학살을 최종 해결책이라고 바꿔 말한다고 자기가 저지르는 행위가 학살이라는 사실을 전혀 의식하지 못했을까? 강제이주를 재정착이라고 바꿔 부른다고 자기가 하는 행위가 강제이주라는 사실을 인지하지 못했을까? 백 퍼센트 의식했고 인지했을 것이다. 그게 전부였다. 자신이 하는 행위가 옳고 그른지에 대해서 생각하지 않았고, 상대의 입장에서 생각하지 않았다. 최종 해결책과 강제이주의 진실에 대해 한 번도 스스로에게 질문하지 않았다. 여기에서 아렌트가 경고한 '악의 평범성'이 등장한다.

아르헨티나나 예루살렘에서 회고록을 쓸 때나 검찰에게 또는 법정에서 말할 때 그의 말은 언제나 동일했고, 똑같은 단어로 표현되었다. 그의 말을 오랫동안 들으면 들을수록, 그의 말하는 데 무능력함은 그의 생각하는 데 무능력함, 즉 타인의 입장에서 생각하는 데 무능력함과 매우 깊이 연관되어 있음이 점점 더 분명해진다. 그와는 어떠한 소통도 가능하지 않았다. 이는 그가 거짓말하기 때문이 아니라, 그가 말과 다른 사람의 현존을 막는, 따라서 현실 자체를 막는 튼튼한 벽으로 에워싸여 있었기 때문이다.

_『예루살렘의 아이히만 : 악의 평범성에 대한 보고서』,
한나 아렌트 지음, 김선욱 옮김, 한길사

말하기의 무능함, 생각하기의 무능함, 타인의 입장에서 생각하기의 무능함. 43만 7천 명을 학살한 악은 바로 이 세 가지의 무능함에서 연유했다. 아이히만에게 사형이 구형됐다. 교수대에서 마지막으로 한 말 역시 나치스식의 상투어였다. 그 말을 듣고 아렌트는 아래와 같은 문장으로 보고서를 마무리한다.

이는 마치 이 마지막 순간에 그가 인간의 사악함 속에서 이루어진 이 오랜 과정이 우리에게 가르쳐준 교훈을 요약하고 있는 듯했다. 두려운 교훈, 즉 말과 사고를 허용하지 않는 악의 평범성을.

이제 ①에서 "아렌트는 우리가 상식적으로 알고 있는 '평범'과 같은 의미로 '평범성'이라는 어휘를 사용했을까?"라는 질문에 답할 차례다. 답은 '아니다'이다. 우리가 상투적으로 사용하는 '평범'이 '뛰어나거나 색다른 점이 없이 보통'이라면 아렌트가 사용한 평범함은 '생각하기의 무능함'이다. 구체적으로 말하면 누구라도 논리적 사고나 비판적 안목을 갖추지 못한, **생각하기의 무능함이 일상이 되면 자기도 모르게 스스로 악을 저지를 수 있다. 이들은 자기가 다 알고 있다고 자신하며 직감을 믿는다. 그러니 깊이 생각할 필요가 없다고 확신한다.**

생각하기의 무능함은 말하기의 무능함으로 연결된다. 말이나 글이 오염된 상투어로 나열된다. 이런 상황을 적확하게 표현한 연설이 있다. "해로운 물에 오래 노출되다 보면 결국은 병원균에 감염되어 판단력과 저항력에 문제가 생길 수밖에 없습니다." 누가 한 말일까? 1936년 9월 14일 독일 뉘른베르크에서 아돌프 히틀러가 한 연설 중에 한 말이다. 여기서 해로운 물은 '민주주의'였다. 세상에 그 자체로 옳은 말은 없다. 상황과 맥락에 부합하느냐를 먼저 따져야 한다.

독일 국민들은 묻지도 따지지도 않고 열광했다. 거듭 강조하지만 무사유의 인간은 결코 질문하지 않는다. 바꿔 말해 올바로 말하기와 생각하기에 힘쓰고 있다면 그 자체로 악에 저항하는 영웅적 행보이다. 그는 올바로 말하기 위해, 올바로 생각하기 위해, 올바로 타인의 입장에서 생각하기 위해, 다른 시각으로 바라보기 위해 매 순간 스스로에게 질문할 것이다.

악의 통로 = 말하기의 무능함, 생각하기의 무능함, 타인의 입장에서 생각하기의 무능함.

질문을 통해

얻을 수 있는 5가지 효능

새 옷이 필요하다는 친구를 따라 의류매장에 갔다. 제가끔 둘러보는데 점원이 저만치서 "이 옷 어떠세요?" 목소리 높여 묻는다. 곧이어 들리는 짜증 잔뜩 배인 소리. "아! 사람이 묻는데 왜 답이 없어?" 나에게 하는 말은 아니나 나 들으라는 말이었다. 귓등으로 들으며 스스로에게 물었다. '그러게? 왜 내가 대답을 안 했을까?'

등과 목이 거북이가 되기 직전이라 일주일에 두어 번 용을 쓰며 운동한다. 탈의실의 캐비닛을 열었더니 옷걸이가 두 개 걸려 있다. 짐작했다. 이전에 사용한 사람이 옆의 캐비닛에서 옷걸이 한 개를 꺼내 자기 옷 두 벌을 걸었구나. 아니나 다를까. 뒤에 온 사람이 캐비닛을 열더니 "어? 옷걸이가 없네?" 하며 난처해한다.

내가 옷걸이 한 개를 내밀며 "이거 쓰실래요?" 물었다. 응답 없이 옷걸이만 건네받고는 제 옷을 건다. 옷걸이만 존재할 뿐, 건넨 나는 투명인간이 되었다. '괜한 오지랖이었나? 사람이 묻는데 왜 아무 말을 안 해?' 무시당한 기분이 들어 몹시 불쾌했다.

역지사지를 보여주기 위해 상반된 두 개의 사례를 쓴 게 아니다. 우리는 누군가에게 물음이나 질문을 할 때 당연히 대답을 들을 수 있으리라 예측한다. 아니오, 라든가 모르겠는데요, 심지어 틀렸을지라도 말이다. 용수철을 눌렀다 손을 떼면 반사적으로 튀어 오르는 것처럼 질문과 대답은 짝패다. 질문을 하면 대답을 듣는다. 이러한 예측이 어긋나면 당황하거나 불쾌감까지 느낄 수 있다. 응답이 없으면 무시당한다고 느낀다. 인간은 질문을 받으면 반사적으로 답하게 되어 있다.

자기 자신에게도 예외가 아니다. 자기가 자기한테 질문을 해도 답을 한다. 예를 들어 "오늘따라 왜 이렇게 배고프지?(묻기)", "오늘 뭘 먹었더라?(답 찾기)", "아! 오늘 먹은 음식이 부실했구나(답하기)" 식이다. 그러니 질문을 통해 얻을 수 있는 **첫 번째 효능은 '답'이다.** 질문하지 않으면 답을 들을 수 없다. 옳은 방식으로 질문하면 옳은 답을 찾는다. 잘못된 방식으로 질문하면 잘못된 답을 찾는다. 옳은 방식으로 질문하면 제대로 문제를 찾아 해결할 수 있고 잘못된 방식으로 질문하면 엉뚱한 데서 문제를 찾아 잘못된 답을 하고 잘못된 결정을 한다.

질문을 한다는 것은 자동차에 시동을 걸고 내비게이션에 목적지를 입력하는 것과 닮은 과정이다. 목적지를 어디로 입력하느냐에 따라 가는 방향이 다르고 당신은 그 방향으로 자동차를 운전할 것이다.

문제 발생 → 질문 → ☐ → 답 → 문제 해결

사람은 문제를 문제로 남겨두는 상황을 못 견딘다. 어떻게든 답을 찾아내거나 찾지 못하면 만들어서라도 답이라고 못박아야 후련하다. 당장만 해도 위의 표에 괄호가 끼어 있으니 찜찜하지 않나. 모든 인간은 태어나면서 인생이라는 문제지를 받아든다. 예외는 없다. 문제를 풀고, 안 풀고는 자유지만 풀려고 애쓰면 질문이 솟아난다. 문제를 쉽고 빨리, 혹은 대충 풀려 할수록 답부터 만들고 거기에 끼워 맞춘 정보를 수집해서 생각이나 주장을 펴나를 가능성이 높아진다. 특히 문제에 대해 즉각적으로 하는 답은 옳고 그름을 떠나 거개가 세뇌의 결과물이다. 이런 사고체계를 가진 이들은 질문하지 않는다.

질문은 몰라서도 하고 확인하기 위해서도 하지만 다른 답을 알기 위해서도 한다. 알고 있는 답보다 더 나은 답을 얻기 위해서이다. 이런 태도는 언제나 현명하다. 답이 하나라고 믿으면 많은 기회를 놓친다. 답이 여러 가지라고 믿으면 기존의 사고방식으로는 상상하지 못한 다른 기회를 발견할 수 있다. 답을 맞히기 위해서가 아니라 자기가 알고 있는 것과 다른 답을 얻기 위해 하는 질문은

문제를 다른 관점에서 바라보게 하고 문제의 틀을 새로 구성해서 기존의 생각에서 벗어나게 한다.

답이 여러 가지라고 믿는 사람은 자기와 다른, 자기가 모르는 수많은 다양한 관점이 존재한다는 사실을 수용하고, 존중하고, 귀 기울인다. 이를 바탕으로 심사숙고하고 선택·결정한다. 그러지 못한 채, 더 솔직히 표현하면 그러고 싶지 않아서, 다른 의견 하나 듣지 않고 내리는 결정은 늘 미숙하고 어리석다. **옳은 방식의 질문의 가장 큰 효능은 지금까지 생각한 것과 다르게 생각할 수 있도록 하는 것에 있다. 관점의 전환을 일으키고, 사고**事故**를 일깨운다. 현실과 핵심을 객관적으로 파악할 수 있도록 한다.**

간단하게 인간관계에서 애먹을 때를 예로 들어보자. 상대에게 서운함을 느낄 때 천둥처럼 요동치는 질문(아닌 질문)이 있다. '어떻게 나한테 이럴 수 있지?' 이때 '나한테 이러는 걸 보니 나쁜 인간'이라고 뒷담화하기 전에 자문해 보자. 내가 왜 서운함을 느꼈는가 하고. 원인은 '나한테 ○○을 해주지 않다니!'에 있다. 법의 저촉을 받을 정도는 아니라서 처벌할 수 없고 내놓고 말하자니 치사하다. 해결되지 않은 문제로 남고 만다. 문제를 문제로 남겨두는 것을 못 견디는 본성을 거스르는 셈이니 속이 자글자글 끓는다. 내 속을 이렇게 만든 인간을 두 번 다시 상종하지 않겠다는 결심도 한다. 버릇처럼 실행에 옮기면 주변에 아무도 남지 않는다. 방금 전 문장은 중의적이다. 모든 인간관계는 한 번이라도 서운함을 느끼게 한다는 뜻을 내포한다. 본인의 정신건강과 인간관계의 개선을 위해 관점을 바꿔보자.

나한테 ○○을 해주지 않다니!
　└ 내가 ○○을 기대했다는 사실을 알까?

전자는 내가 나만 바라보는 관점이고 후자는 상대가 나를 바라보는 관점이다. '우리'라는 관계는 상대가 바라보는 나를 상상할 수 있어야 형성된다. 관점을 바꾸면 질문이 달라진다. 내가 나만 바라보면 "왜 그랬어?", "왜 안 했어?" 등 잘못된 방식의 질문이 튀어나오지만 상대가 나를 바라보는 관점을 가지고 상상하면 "나는 네가 ○○ 하기를 기대했는데 알고 있어?" 하고 올바른 방식으로 질문할 수 있다.

이런 방식의 질문은 하는 사람과 받는 사람 양쪽의 사고를 일깨운다. 질문을 하는 사람은 질문으로 발화하면서 자신이 느끼는 감정이 어디에서 연유했는지 명확해지고, 질문을 받는 사람은 몰랐던 것을 알아 그에 대해 스스로 생각하고 답을 찾으려 할 것이다. 이것이 바로 '사고력'이다. 그러니 질문을 통해 얻을 수 있는 **두 번째, 세 번째 효능은 '관점의 전환'과 '사고력 키우기'이다.** 이번 장에서는 비교적 가벼운 예를 들었지만 인류의 문명을 바꾸는 데 크게 기여한 두 가지이기에 〈패러다임을 전환시킨 위대한 질문들〉 편에서 자세히 다루도록 하겠다. 이제 앞의 표의 빈칸에 적절한 낱말을 넣어 완성해 보자.

문제 발생 → 질문 → ┌ 사고 ┐ → 답 → 문제 해결

이제 질문을 통해 얻을 수 있는 네 번째 효능을 소개한다. 지인(들)을 만나러 외출하는 날이면 아침부터 설렌다. 그러다 무척 실망하고 돌아오는 날이 있다. 너무 아까워서 왜 그러는지 곰곰이 따져보았고 공통점을 발견했다. 바로 '질문'이 없었다. **인간관계에서 상대에게 하는, 상대에 대한 질문은 호의와 관심의 척도이다. 네가 어떤 경험을 했는지 알고 싶어, 너를 이해하고 싶어, 너의 세계를 알고 싶어, 라는 마음이다.**

만나서 흔히 이런 인사를 나눌 것이다. "요즘 어떻게 지내?" "그동안 잘 지냈어?" 답을 들으면 연관해서 두어 차례 더 질문하는 것이 좋다. "요즘 어떻게 지내?"라고 질문해서 상대가 "응, 얼마 전에 도쿄에 다녀왔어"라고 했다고 해보자. 이 대목에서 "나도 얼마 전에 다녀왔는데!"라거나 "나는 한 번도 안 가봤는데 왠지 가고 싶지가 않더라" 등으로 대화의 방향을 자기한테 트는 이들이 있다. 그러지 말고 계속 상대에게 대화의 초점을 맞추자. 이왕이면 "도쿄 어땠어? 좋았어?" 같은 광범위한 질문 말고 "너 우동 좋아하잖아. 도쿄에서 먹어봤어?"라든가 "네가 일본 애니에 관심이 많잖아. ○○○○에도 갔어?" 하는 식으로 평소 알고 있는 상대에 대한 정보를 포함시켜서 구체적으로 묻는 것이 좋다.

이런 질문을 받으면 누구라도 (설령 처음 만난 사이라도) 집중해서 경청하고, 마음을 열기 마련이다. 기꺼이 정보도 공유할 것이

다. 이런 대화를 나눈 다음에는 사이가 훨씬 친밀해진다. 대화는 '자기 말 + 자기 말'이 아니라 '질문 + 응답'이다. 인터뷰도 아닌데 질문만 넙죽 받아 답하고 본인은 질문하지 않는 형태도 대화라 할 수 없다. 무엇보다 '질문 + 응답' 형식의 대화는 '무슨 말을 하지?' 라는 압박감에서 벗어날 수 있고 상대를 통해 무언가를 배울 수 있으며 상대의 기운을 북돋을 수 있다.

알고 지낸 지 오래 되었는데 정작 서로에 대해 잘 모르는 관계가 있다면 질문을 하지 않아서일 가능성이 크다. 실제로 대화 내내 상대에게 아무 질문도 하지 않는 이들이 적지 않다. 혹은 기껏 질문하고선 답변에 귀 기울이지 않고 (상대가 뭐라고 답변하건) 자기 할 말만 생각하는 경우가 너무 많다. 비난이나 험담, 조언이나 충고 역시 자기 생각이므로 자기가 하고 싶은 말의 범주에 들어간다.

많은 사람이 각자 자기가 하고 싶은 말만 한다. 그도 그럴 것이 인간의 최고 관심사는 누가 뭐래도 '자기 자신'이다. 누구나 자기 생각에 대해 말하기를 좋아한다. 이왕이면 자기가 하는 말을 상대가 이해해 주기를 (적나라하게 표현하면 편 들어주기를) 기대한다. 실제로 자기 이야기를 하는 동안 쾌락이나 만족, 동기 부여 등의 감정을 조절하는 신경전달물질인 도파민이 분비된다고 한다. 최근 '도파민 중독'이 화두인데 어딜 가나 자기 이야기만 하는 사람도 일종의 도파민 중독이라 할 수 있겠다.

대화를 잘한다는 의미는 청산유수로 말을 잘하는 것과 아무 상관이 없다. 자기 이야기를 하기 좋아하는 인간의 속성을 파악해서 펼칠 수 있도록 하는 것에 달려 있다. 지인 중에 만나면 늘 질문부터 하는 이가 있다. 내가 A라는 답변을 하면 A'라는 질문을 끌어낸다. 이러한 대화는 상대의 답변을 주의 깊게 경청해야 가능하다. 경청은 자기 이야기하기 좋아하는 인간의 속성을 거스르기에 결코 쉽지 않아 훈련이 필요하다. 집중해서 말을 듣는 것뿐 아니라 눈을 마주치고 표정의 변화를 알아차리고 간간히 고개를 끄덕이는 등의 리액션을 취해 잘 듣고 있다는 사실을 알려야 한다. 그래야 상대가 안심하기 때문이다. 또 들은 내용에 대해 숙고한 다음에 질문한다. 뭐라도 물어야 할 것 같아서 (사실은 궁금하지도 않은데) 상투적이거나 반사적으로 하는 질문은 오히려 대화의 흐름을 깨뜨린다.

언젠가 자기 이야기만 하는 이에게 물은 적 있다. 왜 질문을 하지 않느냐고. 놀랍게도 실례가 아니냐는 질문을 되받았다. 틀리지 않다. 지나치게 사적인 질문은 종종 실례가 된다. 예를 들어 외모, 취향, 연봉, 재산, 학벌, 과거 연애사를 비롯한 흑역사 등이 그러하다. 상대에게 순수한 관심을 드러내는 방식으로 적절치 않다. 또한 단답형으로 할 수 있는 질문이나 '예/아니오' 답변밖에 할 수 없는 닫힌 질문은 (때로 필요할 순간도 있으나) 대화를 나누는 데 도움이 되지 않는다. 그러니 상대방의 관심사나 상황에 적절한 질문을 '생각'해야 한다. 그러한 질문을 찾아내려면 맥락을 파악할 수 있는 언해력言解力(상대의 말을 잘 듣고 맥락에 맞게 이해하는 능력)과 사고력이 필요하다. 쉽게 말해 뇌가 노동해야 한다. 적절한 질문을 받았을 때 마음이 환하게 열리는 비결은 그러한 수고를 무의식적으로 느껴 고마워서가 아닐까. 그러니 질문을 통해 얻을 수 있는 **네 번째 효능은 '유대관계'이다.**

나는 윗사람에게 "왜요?"라고 물어서는 절대 안 된다는 교육을 받고 성장한 세대이다.
"윗사람한테는 절대 왜라고 하지 마라."
"왜요?"
"예의에 어긋나니까 하면 안 돼. 근데 내가 왜라고 하지 말랬지!"
세상은 온통 '왜'투성이인데 산 사람들에게 물을 수 없어 죽은 사람들(고인이 된 이들이 쓴 책)에게 물었다. 윗사람에게 왜냐고 묻지 말라는 오랜 불문율은 윗사람이 지시·명령하는 사항에 불만을 표하거나 의문을 품지 말고 무조건 복종하라는 뜻과 다름없다. 대학 1학년 여름·겨울방학에 대기업에서 사무직 보조로 아르바이트를 한 적 있는데 지금 생각해도 참 잘한 일이다. 그때 인생의 향방을 결정했다. "절대 회사 다니지 말아야지. 어느 조직에도 속하지 말아야지. (사실은 국가에도 속하고 싶지 않지만 이는 어쩔 수 없는 일이고.)" 지시·명령만 할 뿐 생각을 묻지 않는 것이 희한할 정도로 자존심 상했다. 하루 종일 아무도 내 생각을 묻지 않는다. 하다못해 입맛까지 그러하다. 점심을 굶고 싶지 않다면 윗사람이 정한 식당으로 졸래졸래 따라가야 한다.
회의할 때 만약 낙서를 하거나 다른 생각을 한다면 윗사람이

"어떻게 생각해요?"라고 질문하지 않기 때문이다. 그들이 어떻게 생각하냐고 질문하고 주의 깊게 의견을 경청하리라는 믿음만 있어도 회사가 그렇게까지 재미없진 않을 거다. 질문은 상대에 대한 관심을 표현하고 존재감을 환기시킨다. 이때 상대의 자존심을 훼손하지 않고 맞춤한 질문을 찾아내는 것 또한 시니어의 자질이라 하겠다. 상대의 능력과 수준을 파악하고 있다는 뜻이니까. 이런 나의 주장에 '그래봐야 쓸데없는 소리 듣느라 회의 시간만 길어진다'고 반박할 이들이 있을 것이다. 그러나 구성원의 생각을 묻지 않고 귀 기울이지 않는 조직, 대세를 좇으면 속 편하다는 생각이 암암리에 상식이 되어버린 조직에 활기가 있을 리 없고 전망이 밝을 리 없다.

"어떻게 생각해요?"라고 질문하고 답변에 귀 기울이기를 습관화하자. 나이나 직급이 높은 이가 낮은 이에게뿐 아니라 역으로도 해보자. 예를 들어 경험이 없는 업무를 맡았을 때 무턱대고 "해본 적 없어서 잘 모르는데 어떻게 해요?"라고 질문하지 말고 충분히 알아보고 고민한 다음 예의를 갖춰 "이렇게 하려고 하는데 (선배는) 어떻게 생각하세요?"라고 말이다. 흐뭇해하며 도움을 주려 할 것이다. 무엇보다 경험이나 지식이 부족하면서 일절 조언을 구하지 않고 혼자 해내려다 사고치는 것보다 훨씬 현명하다. 다행히 성공해도 문제다. 혼자서도 잘하는구나 싶어 더 큰 잘못을 저지를 수 있는 포석이 되기 때문이다. 그러니 질문을 통해 얻을 수 있는 **다섯 번째 효능은 '실수나 잘못에 대한 예방'이다.**

요약

적절한 질문을 하면
1 나은 답(지식, 정보)을 얻을 수 있다.
2 관점을 전환시킬 수 있다.
3 사고력을 키울 수 있다.
4 유대관계를 맺을 수 있다.
5 실수나 잘못을 예방할 수 있다.

2장

옳은 방식으로 질문하는 법

어린이의 호기심과

궁금증을 차용해 질문하라

어린이의 호기심이나 궁금증은 아름답다. 편견이나 고정관념이 없기 때문이다. 백지 상태에서 묻고 들은 답을 스펀지처럼 흡수한다. 그러나 "이게 뭐예요?", "왜요?", "어떻게 해요?" 등은 호기심이나 궁금증일 뿐, 질문으로서 아직 부족하다. 질문은 호기심이나 궁금증 이상이어야 한다. 그러지 못하면 호기심이나 궁금증마저 시들해질 것이다. 게다가 어른이 되면 딱히 호기심이나 궁금증이 없어도 앞서 언급한 질문의 효능을 얻기 위해 의도적으로 질문을 만들어야 할 때가 있다.

문제는 사회적 동물로 나고 자란 탓에 어쩔 수 없이 고정관념을 기본 값으로 질문하기 마련인데 당사자가 의식하지 못하거나 고정관념이라고 인정하지 않을 때 생긴다. 이런 상태에서 하는 질문은 영점을 맞추지 않고 사격하는 거나 비슷하다. 표적(핵심)을 맞히지 못하고 변죽만 울린다. 그렇다고 어린이처럼 단순하고 직설적으로 묻는다면 무례해 보이거나 민폐를 끼칠 수 있는데 옳은 방식의 질문은 대화를 하고 싶게 만든다는 점을 기억하기 바란다. 어린이의 호기심이나 궁금증을 차용하자는 말은 어린이가 가진 호기심이나 궁금증의 속성을 차용하자는 의미지 (어른은 의도적으로 하지 않으면 할 수 없으므로 차용이라는 어휘를 선택했다) 어린이처럼 표현하자는 소리가 아니다.

2011년부터 만 5년 4개월 동안 KBS 클래식 FM의 아침 프로그램 〈출발 FM과 함께〉에서 '문득, 묻다'라는 제목을 가진 코너의 원고를 집필했다. 의도는 이러했다. 질문을 통해 어른들에게 호기심이나 궁금증 유발하기, 새로운 관점에서 익숙한 대상과 사물 바라보기, 경계를 넘나들고 융합하며 지식의 폭 넓히기. 주말을 제외하고 매일 집필했으니 1천4백여 개의 호기심이나 궁금증을 제시하고 답을 풀어냈다. 청취자들의 반응은 꾸준히 뜨거웠다.

그러나 나라고 매일 호기심으로 충만할 리 없잖은가. 어떤 날은 아무것도 궁금하지 않았다. 그래도 썼다. 어떤 날은 궁금해봐야 뭐하나, 답을 찾아봐야 뭐하나 싶게 무기력했다. 그래도 썼다. 또 어떤 날은 궁금한 게 있어서 추적했더니 명확한 단답 수준이었다. 퀴즈도 아니고 내레이션 분량이 3분 이상은 되어야 하기에 아이템으로 적합하지 않았다. 폐기했다. 새로 찾아서 썼다. 어떤 우여곡절이 있든 (주말을 제외하고) 매일 새벽에 생방송 원고를 마감했다. 이쯤 되면 있다가 없다가 하는 영감이고 나발이고를 믿을 수 없고 어떤 상황이라도 당장 효과를 발휘할 수 있는 도구를 지녀야 한다. 1천4백여 개의 질문을 무리 없이 펼칠 수 있게 한 도구는 단연코 어린이의 호기심과 궁금증이었으며 두 번째는 체력과 감정 관리였다.

누군가 내게 아무리 자유롭고 열린 사고의 소유자라고 한다 한들 사실이 아님을 누구보다 나 자신이 안다. 나고 자란 환경 무엇 하나 자유롭고 열린 것이 없었다. 당연한 인과로 나 또한 자유롭지 않고 열리지 않았다. 고정관념과 편견으로 아주 찰지게 뭉쳤다. 이것이 색안경이 되어 열린 문 바깥을 볼 적에 그 무엇도 있는 그대로 온전히 못 보게 한다. 세상과 인생이 공짜로 무궁무진하게 보여주는 것을 못 보고 있으니 얼마나 손해가 막대한가. 살수록 손해가 점점 불어난다. 아깝다. 그런 사람이 바로 나라고 비로소 인정하지 않았다면 어린이의 호기심과 궁금증을 질문의 기술로 차용하는 발상을 하지 못했을 것이다. 구체적으로 어떤 방법이었는지 사례를 들어 소개한다.

해마다 봄이면 어김없이 피는 꽃을 보고 묻기로 작심했다. 어린이의 호기심과 궁금증을 차용해서 직관적이고 단순하게 "꽃은 왜 필까?" 하고 물었다. 물으니 궁금해졌다. 어린이는 호기심이나 궁금증이 발동해서 묻지만 어른은 일단 물으면 답을 맞히고 싶은 습성이 발동해 궁금해지고 호기심이 생긴다. 그리고 생각한다. 사람은 일단 생각하기 시작하면 이왕에 뻔하지 않은 답을 손에 쥐고 싶어한다. 발상의 전환은 그러한 생각의 시작이 아니라 끝에 있다. **질문이 없으면 생각이 없고, 생각이 없으면 새로운 발상을 할 수 없다. 이 말을 뒤집으면 질문을 하면 생각하게 되고, 생각을 하면 새로운 발상을 할 수 있다.**

내가 그렇게 물었을 때 누군가 "필 때 되니까 피었겠지" 했다. 이런 답변은 둘 중 하나다. 생각 없이 뱉었거나 중의가 담긴 철학적 담론이거나. 어느 쪽이든 질문에 대한 답으로 부적절하다. 틀렸다는 게 아니라 하나 마나 한 소리라서다. (왜 하나 마나 한 소리인지 잠시 뒤에 설명하겠다.) 선문답이 아니고서야 누구도 하나 마나 한 소리 듣자고 묻지 않는다. 의무교육 과정을 이수한 어른이라면 정답을 안다. 번식하기 위해. 명쾌하지만 질문의 효능 중 무엇 하나 달성하지 못한다.

원인은 질문에 있다. "꽃은 왜 필까?"가 아직 질문이 되지 못한, 보이는 그대로의 궁금증이라서다. 이 궁금증을 바탕으로 더 나은 답(지식, 정보 등)을 얻기 위한, 관점을 전환시키기 위한, 사고력을 기를 수 있는 질문을 새로 구성해야 한다. 내가 사용하는 방법은 이러하다. **어린이의 호기심과 궁금증을 담은 단순하고 직관적인 질문과 그에 대한 어른의 뻔하고 상식적인 답을 합쳐서 하나로 만들기**. "꽃은 왜 필까?"와 "번식하기 위해서"를 합치면 "식물은 번식하기 위한 방법으로 왜 꽃을 피울까?"라는 질문이 된다.

그런데 이대로 질문하기 전에 반드시 확인해야 할 점이 있다. 바로 질문이 타당한가, 이다. 특히 우리가 뻔하다고 여기는 것이 어떤 경우에도 진리인지 확인해야 한다. 이 과정에서 여러 질문이 파생한다. 여기서는 식물이 번식하기 위한 목적으로 꽃을 피우는 것이 맞는가, 가 되겠다. 질문 자체가 합당한지 검토하는 과정은 언제나 중요하다. 잘못된 질문은 잘못된 답을 유도하기 때문이다. 무엇보다 이 과정에서 편견이나 고정관념을 확인하고 바로잡거나 보완하거나 중립화할 수 있다.

그래서 검토하면, 식물이 번식하는 방식은 여러 가지라는 사실을 알 수 있다. 씨앗을 통한 번식 외에는 인위적이고, 인위적인 번식 방식은 원래 하려던 질문의 의도에서 어긋나므로 애초의 질문으로 돌아간다. 정말 꽃은 왜 피는 거지, 하고. 이때 물음은 처음에 했던 "꽃은 왜 필까?"와 같은 말이지만 더 이상 단순한 물음이 아니라 비로소 질문이다. 처음에 없던, 더 나은 답(지식, 정보 등)을 얻고 싶은 의도가 생겼으므로. 무엇보다 고정관념 없는 호기심과 궁금증으로 말간 눈이 되었다. 이런 눈으로 답을 찾기 시작하면 차례대로 차근차근 만날 새롭고 다양한 내용을 자신의 고정관념이나 편견의 기준에서 벗어나는 것을 뱉어내거나 하지 않고 스펀지처럼 흡수할 수 있다. 이상의 과정을 거쳐 최종적으로 다듬은 질문은 이러하다.

"식물이 번식하기 위한 목적으로 (다른 방식이 아닌) 꽃 피우기를 선택한 이유가 무엇일까?"

어린이의 호기심과 궁금증을 차용한 직관적인 질문	어른으로서 알고 있는 뻔한 답	새로운 질문 만들기
꽃은 왜 필까?	번식하기 위해서	식물이 번식 목적으로 (다른 방식이 아닌) 꽃 피우기를 선택한 이유는 무엇일까?

이번에는 어른의 또 다른 뻔한 답, "필 때가 되니까 피었겠지"를 합쳐보자.

꽃은 왜 필까? + 필 때가 되니까 → _____

"꽃은 왜 필까?"와 "필 때가 되니까"를 있는 그대로 합치면 "꽃은 필 때가 되면 왜 필까?" 하는 질문이 된다. 그러면 "필 때가 되니까 피었겠지" 하는 답이 돌아와 도돌이표를 만들거나 더운 밥 먹고 뭔 헛소리냐는 눈총을 받을 수 있다. 이런 식의 질문은 궁금증이나 호기심을 유발하지 못한다. 한마디로 흥미롭지 않다. 그 이유는 '꽃은 필 때가 되면 핀다'가 '모든 생명체는 태어나면 죽는다'와 같은 수준의 '명증(간접적인 추리에 의하지 않고 직관적으로 진리임을 인지할 수 있는 일)'이기 때문이다. 다른 말로 '공리(일반 사람과 사회에서 두루 통하는 진리나 도리)'라고 한다. 명증이나 공리는 절대로 틀릴 수 없는 지식이나 정보라서 (그래서 하나 마나 한 소리라서)

논증에서 이를 의심하는 것은 불필요하다. 대신 명증이나 공리를 대전제로 다른 명제를 추론하고 증명할 수 있는데 이를 '필연적 연역법'이라고 하며 우리가 일상에서 흔히 구사하고 있다.

꽃은 필 때가 되면 핀다 → 너도 꽃이다
  └ **너도 필 때가 되면 핀다 (필연적)**

연역법에서는 전제가 참이면 결론이 반드시 참이다. 전제에 이미 명증이나 공리 등과 같은 결론이 포함돼 있기 때문이다. 따라서 연역법으로 도출한 결론은 필연적(사물의 관련이나 일의 결과가 반드시 그렇게 될 수밖에 없는 것)으로 참이다.

너도 꽃이다 → 꽃은 필 때가 되면 된다
  └ **너도 꽃이니까 핀다 (개연적)**

반면에 귀납법에서는 전제가 참이라도 결론이 반드시 참은 아니다. 전제가 명증이나 공리 등에서 벗어나는 결론을 제시하고 있기 때문이다. 이에 따라 귀납법으로 도출한 결론은 개연적(확실하게 단정할 수 없지만 대개 그럴 것이라고 생각되는 것)이다. 이러한 차이로 연역법은 주로 결론을 다른 방식으로 논증하는 데 쓰고 귀납법은 지식 등을 확장하는 데 쓴다.

꽃이 필 때가 되면 피는 것은 공리이기 때문에 필 때가 되면 핀다. 공리를 두고 꽃이 왜 피냐고 물으면 동어반복밖에 할 수 없다. **기대하는 답이 나오지 않을 때는 질문을 바꾸면 된다.**

꽃은 왜 필까? + 필 때가 되니까
  └, 식물은 필 때가 되면 어떻게 꽃을 피울까?

'왜'에서 '어떻게'로만 바꿨을 뿐인데 두뇌를 자극한다. 5년 4개월 동안 매일 새벽 질문을 했던 경험자로서 약속할 수 있다. **올바른 방식으로 물은 한 개의 단순한 질문이 여러 개의 새로운 질문을 낳는다.** 실제로 땅에 씨앗을 묻은 것보다 훨씬 빠른 속도로 뿌리와 가지를 뻗어 잎과 열매가 무성한 한 그루 나무가 된다. (어떤 질문은 하루 안에 나무가 되기도 한다.) 그 나무는 영원히 내 것이다. 아무도 베어갈 수 없다. 시작은 '어린이의 궁금증이나 호기심을 차용하기'이다. 그리하여 "꽃은 왜 필까?"라는 궁금증에서 시작해 완성된 원고의 일부를 옮겨본다.

나무는 그 태생적 한계로 아무리 간절히 원해도 가고 싶은 곳으로 갈 수 없습니다. 뿌리가 깊숙이 박힌 이곳으로부터 한 발자국도 내 마음대로 내디딜 수 없습니다. 그래서 자신이 가진 것 중에 가장 예쁜 것을 오랫동안 준비해서 온 힘을 다해 표현합니다. 이처럼 애를 쓰는 이유는 두말할 나위 없이 사랑을 이루기 위해서지요. 나름대로 전략도 치밀합니다. 어떤 꽃은 눈이 어두운 벌과 나비, 새가 금방 찾아낼 수 있도록 화려한 색과 달콤한 향기로 피고, 어떤 꽃은 곤충이나 새를 유혹하는 대신 꽃가루를 바람에 실어 보냅니다. 바람한테 꽃가루를 부탁하는 나무들은 대개 꽃이 먼저 핀 다음에 잎이 나중에 피는데, 잎을 달고 있으면 바람이 꽃가루를 옮겨가는 길을 방해할 수 있기 때문입니다. 이것이 꽃이 피는 이유입니다. 사랑을 이루기 위해서.

'필 때가 되니까 피었겠지'라는 대꾸를 듣고 "식물은 필 때가 되면 어떻게 꽃을 피울까?"라는 질문을 했고 다음과 같이 원고를 썼다.

때가 되면 어련히 알아서 가지에서 처음 생겨나는 것처럼 보이지만 사실은 이미 겨울이 오기 전부터 생겨 준비하고 있습니다. 눈의 사전적 의미는 '새로 막 터져 돋아나려는 식물의 싹'으로 여기에는 꽃으로 피어날 꽃눈이 있고 잎으로 펼쳐질 잎눈이 있으며 이 모두가 한 눈 속에 들어있는 눈도 있습니다. 봄이 오고 나서 서서히 조직을 분화하는 나무도 있지만 대부분의 꽃나무가 겨울이 오기 전에, 이른 것은 여름에 꽃눈의 분화를 마친 상태로 겨울을 납니다. 꽃눈을 잘라 보면 모양과 숫자를 다 갖추고 이미 다 만들어진 꽃잎이 차곡차곡 포개져 때를 기다리는 걸 볼 수 있지요. 그러니까 겨울눈이라는 이름은 겨울에 생긴 눈이라는 뜻이 아니라 겨울을 무사히 견디기 위해 눈에 입은 껍데기라는 뜻에 가까웠던 것입니다.

겨울눈에 관심을 가진 계기는 꽃샘바람이 유난하던 어느 해 초봄, 목련나무의 겨울눈을 보면서였습니다. 마침 그때 입고 있던 회색 털 코트와 색이나 질감이 비슷해 보였습니다. 가까이 다가가 유심히 바라보니 이렇게 두텁고 단단한 껍질을 뚫고 세상에 둘도 없이 여린 싹과 꽃이 나온다는 사실이 신기했습니다. 그러고 보면 껍데기는 거의 다 단단한 것 같습니다. 새의 알도, 나무의 겨울눈도, 사람의 마음도…… 껍데기가 단단하다는 것은 그 안에 든 것이 무척이나 소중하다는 것, 그러나 무르고 연약하다는 반증이겠지요. 꽃과 잎 역시 혹독한 추위를 나기에 너무 연약하고, 그래서 나무들은 겨울눈으로 꽃과 잎을 무장합니다.

사람들이 겨울에 입는 코트만큼이나 색감도 원단도 디자인도 다양합니다. 백목련의 겨울눈은 회색 솜털 옷을 입고 물푸레나무의 겨울눈은 검은색에 가까운 가죽 코트를 입으며 은행나무는 흡사 얇은 홑겹을 여러 겹 겹쳐 입은 것 같습니다. 라일락은 여러 겹의 비늘잎에 둘러싸여 있고 마로니에의 겨울눈은 끈적끈적한 진액으로 덮여 있지요. 이렇듯 나름대로 최적화된 전략을 짜고 눈을 보호하는 겨울눈의 또 다른 이름은 '저항아', 한겨울의 매서운 추위와 맞서 꿋꿋하게 버틴다고 해서 붙여졌습니다.

봄이 되어 갑자기 생기는 꽃과 잎, 가지가 아닙니다. 겨울이 오기 전에 이미 만들어져 겨울눈 속에 들어있었고 겨울은 조용히 때를 기다리는 시절입니다. 그 모습이 마치 꿈과 소망을 품은 사람이 어려운 시기를 맞았을 때 어떤 힘과 지혜로 통과해야 하는지 알려주는 것 같아 감동적입니다. 한편으로는 이런 생각도 듭니다. 봄이 돼서 꽃과 잎, 가지를 만들기 시작하면 늦습니다. 그러기에는 봄이, 주어진 시간이 너무 짧습니다. 준비가 덜 된 상태에서 서두르다가는 꽃샘, 잎샘 추위를 맞아 피기도 전에 얼어죽을 수 있습니다. 겨우 어떻게 꽃을 피웠다고 해도 봄에 피어야 할 꽃이 여름에 피면 햇볕에 타버릴 수 있지요. 모든 것엔 다 '때'가 있다고 하는데 그 '때'가 와도 미리 준비해두지 않으면 제대로 누리지도 못 하고 놓칠 수 있습니다. 그래서 꿈과 소망이 필요합니다. 꿈과 소망 없이는 '때'가 와도 '기회'가 주어져도 펼쳐 보일 것이 없습니다. 꿈도 소망도 없었기 때문에 준비할 이유가 없었고 그래서 아무런 준비를 하지 않았기 때문입니다. 그러니 꽃이 어떻게 피느냐 하면 꽃을 피우고 싶은 꿈과 소망으로 피는 것이라 하겠습니다.

요약

새로운 질문 만드는 방법

1 어린이의 호기심과 궁금증을 차용해 직관적으로 질문한다.
2 1의 질문에 대해 어른으로서 알고 있는 일반적이고 상식적인 답을 한다.
3 1과 2를 합쳐 문장으로 만든다.
4 2의 답이 타당한지 검색·조사·확인해서 바로잡는다.
5 더 나은 답(지식, 정보 등)을 얻기 위한, 관점을 전환시키기 위한, 사고력을 기를 수 있는 질문으로 새로 구성한다.

의문사를 사용해

질문하라

의문문과 질문

의문사를 사용해서 질문한다는 것이 여기서는 '누구야?', '언제야?', '어디야?', '뭐야?', '어떻게 해?', '왜 그러는데?' 식으로 묻는 게 아니라는 점을 우선 밝힌다.

한국어에서 의문문은 다양하지만 만드는 방법은 대체로 간편하다. 우선 '일반 의문문'이 있다. ① 평서문의 어순을 그대로 두고 서술어에 'ㄴ가(요)', '-(느)냐', '-(으)니' '-(나)요', '-ㅂ니까/습니까', '-아(요)/어(요)', '-지(요)', '-나/니', '-ㄹ래' 등의 의문형 종결어미를 붙인다. 예) "너는 저녁 밥 먹었어?", "우리가 친한 사이인가?" ② 둘 중 어느 것 하나를 선택할지 묻는 '선택 의문문'이 있다. 예) "밥 먹을래, 라면 먹을래?", "나야, 걔야?" ③ 예 또는 아니오를 묻는 '예/아니오 의문문'이 있다. 예) "너도 밥 먹을래?", "나랑 사귈래?" ④ 의문문이 문장의 일부가 되는 '간접 의문문'이 있다. "오늘 영희 생일인데 하도 바빠서 미역국이라도 먹었는지 모르겠네." 이 문장에서 '미역국을 먹었는지'가 간접 의문문이다, "오늘 영희가 철수한테 고백한다고 했는데 어떻게 됐는지 궁금하다." 여기서는 '고백한다고 했는데 어떻게 됐는지'가 간접 의문문이다. ⑤ 문장의 형식은 의문문인데 답변을 요구하지 않고 강한 긍정을 내포하는 '반어 의문문(수사 의문문)'이 있다. 예) "내가 너한테 밥 한번 못 사겠니?", "내가 오죽하면 너한테 이러겠냐?" 그밖에 여러 형태의 의문문이 있고 일상에서 흔히 구사하는 것들이다. 그렇다면 의문문과 질문은 어떻게 다를까.

의문문   서술어의 종결 어미에 따른 문장 갈래의 하나. 무엇을 물어서 그 답을 듣고자 하는 형식의 문장. 용언의 의문형 종결 어미로 끝맺는 형식.

질문   모르는 것이나 알고 싶은 것 따위를 물음.

의문문의 목적은 '답'에 있고, 질문의 목적은 '앎'에 있다는 사실을 알 수 있다. 답과 앎은 일치할 수도, 배치될 수도 있다. 그런지 아닌지 또한 알아야 알 수 있다. 앞에서 앎은 모른다는 사실을 깨닫는 지점에서 시작한다고 했다. 여기서 '모른다'는 백지 상태의 무지라기보다 본질을 잘못 알고 있거나 온전히 알고 있지 않다, 에 가깝다. 이에 대한 은유적 표현이 『열반경』에 나오는 '장님 코끼리 만지기'이다.

한 왕이 장님 여섯을 불러 코끼리를 만져보라고 하더니 각자 코끼리에 대해 설명해 보라고 했다. 그들은 다음과 같이 설명했다. "코끼리는 무같이 생겼습니다." "코끼리는 (곡식을 까부르는) 키같이 생겼습니다." "코끼리는 절굿공이같이 생겼습니다." "코끼리는 평상같이 생겼습니다." "코끼리는 장독같이 생겼습니다." "코끼리는 굵은 밧줄같이 생겼습니다." 같은 코끼리를 만져놓고 완전히 다른 말을 하고 있다. 왜 그랬을까. 무같이 생겼다고 한 이는 이빨을 만졌고, 키같이 생겼다고 한 이는 귀를 만졌다. 절굿공이같다고 한 이는 코끼리의 다리를, 평상같다고 한 이는 등을, 장독같다고 한 이는 배를 만졌다. 그러니 착각이 아니었고 거짓말은 더욱 아니었다. 이들이 하는 말은 어떤 의미에서 사실이었다. 그리고 그 어떤 의미의 실체는 이러하다. 내가 알 수 있는 한계 안에서.

모른다는 사실을 깨닫는 것은, 눈 감고 코끼리 다리만 만져놓고 코끼리에 대해 아는 척할 수밖에 없는 나의 한계가 있고 동시에 내가 만지지 못한, 만질 수 없는 한계 너머가 분명히 존재한다는 점을 겸허히 받아들이는 것이다. 이 우화에서 코끼리가 상징하는 바가 진리이며 진리를 아는 것이 코끼리 다리 만지기와 같다고 하는 것처럼 '앎'에 대해서도 같은 경계를 가져 말을 할 때 **의도적으로 자기판단과 고정관념, 편견이라는 요철을 지우면 저절로 다른 형태의 의문문이 나온다. 이것이 바로 의문사가 들어간 문장이다.** 우리말에서 의문사는 아래와 같다.

누가
언제
어디서
무엇을
어떻게
왜

의문사가 들어간 문장에는 예/아니오로 답하지 않고, 의문사에 해당하는 답을 한다. (다른 의문문의 형태에 비해 상대적으로 열린 질문이 된다.) 참고로 한국어에서 의문사가 들어간 의문문은 다음과 같은 어순으로 구사하는 것이 자연스럽고 보다 명확하게 주어의 입장을 전달한다.

누가 내 머리에 똥 쌌어?
ㄴ 내 머리에 누가 똥 쌌어?

언제 우리가 만나기로 했지?
ㄴ 우리가 언제 만나기로 했지?

어디에서 새가 지저귀고 있을까?
ㄴ 새가 어디에서 지저귀고 있을까?

무엇을 너는 기대했는데?
ㄴ 너는 무엇을 기대했는데?

어떻게 너는 집에서 왔어?
ㄴ 너는 어떻게 집에서 왔어?

왜 그 사람이 너한테 뭐라고 한 거야?
ㄴ 그 사람이 왜 너한테 뭐라고 한 거야?

우리말에서 의문사는 주어 다음에 등장하며 상황이나 맥락에 따라 주어를 생략해도 무방하다. 의문사가 맨 앞에 나오고 문장이 길게 이어지면 의문사가 정확히 누구를 향하거나 무엇에 해당하는지 단번에 파악하기 어렵다. 특히 '왜'가 그러하다. "왜 그 사람이 너한테 뭐라고 한 거야?"라고 하면 너한테 뭐라고 한 당사자가 왜 그 사람이냐는 뜻으로 알아들을 수 있다. 반면에 "그 사람이 왜 너한테 뭐라고 한 거야?"라고 하면 그 사람이 다른 사람이 아닌 하필이면 너한테 뭐라고 한 이유가 무엇인지 궁금하다는 뜻이 명확하다. 대부분 후자의 뜻으로 '왜'를 쓸 것이다.

누가, 언제, 어디서, 무엇을, 어떻게(어떠한), 왜. 여섯 개의 의문사를 맞춤해 구사하면 상대의 생각이나 답에 영향을 주지 않는 중립적인 질문을 할 수 있다. 중립적인 질문은 대화에서 기본적인 요소이다. 뿐만 아니라 내 관점과 나른, 나라면 발상할 수 없는, 또한 접하기 힘든 지식과 정보 등을 얻을 수 있다. **질문한 만큼만 답이 나온다는 사실을 기억하자. 이때 의문사는 되도록 주어 다음에 넣는다. 주어를 언급하지 않아도 상호 간에 이해할 수 있는 상황이라면 주어를 생략한다.**

그렇다고 질문을 할 때 반드시 의문사가 들어가야 하는 것은 아니다. 의문사가 들어가는 의문문의 장단점이 있고 그렇지 않은 의문문의 장단점이 있다. 의문사가 들어간 의문문은 대체로 자기 판단이나 고정관념, 편견을 드러내지 않아 상대의 대답에 영향을 주지 않는다는 장점이 있지만 때로 상대가 대답하기에 막연하게 느낄 수 있다. 예를 들어 "어디 갈까?", "뭐 좋아해?", "어떻게 생각해?", "어땠어?" 등으로 물으면 빈 종이에 답을 채워야 하는 부담이 생긴다. (어디라는) 의문사 대신 둘 중 어느 것 하나를 선택할지 묻는 선택 의문문을 쓰는 것이 낫다. "공원에 갈까, 극장에 갈까?" 질문자가 먼저 예시를 제시하고 이어 질문하면 생각의 수고를 덜어준다. "나는 K-POP을 좋아하는데 너는 뭐 좋아해?" 또 (어떻다라는) 의문사에 형용사를 결합한 문장을 만들어 질문하는 것도 방법이다. "오늘 제일 재미있었던 일이 뭐였어?" 이런 방식의 질문은 '오늘 재밌었어?'라는 질문보다 구체적이라서 생각을 자극해 대답을 유도한다.

질문을
중립화하라

자기판단의 유무를 두고 시비를 가리는 일은 무의미하다. 사람은 누구나 매 순간 자기판단을 근거로 선택하거나 결정하기 때문이다. 판단할 수 없다는 결정 또한 판단이다. 그렇지만 자기판단을 근거로 상대에게 강요하거나 통제하려 하는 것은 폐단이다. 질문을 한 당사자는 강요하거나 통제하려는 의도가 없고 그냥 물어봤을 뿐이라고 얼버무리는 경우가 많지만 상대는 질문 뒤에 생략된 다음과 같은 말을 맥락으로, 행간으로 들었다. (소리 없는 말도 말이다.) 내 말이 맞지? 내 말이 맞을 거야. 내 말 안 들을 거야? 맞다고 해줘. 내 말대로 해. 안 그러면 너한테 손해야.

이는 질문을 빙자한 명령이거나 지시에 가깝다. 혹은 화자의 생각이나 주장을 드러내서 (의도하든 아니든) 상대에게 영향을 끼치고 생각이나 주장을 통제하려는 의도를 가졌다. 이런 상황을 반길 사람은 없다. 억지로 동의를 강요당한다고 느끼기 때문이다. 그렇다고 되치지 말자. 통제력이 강한 사람은 대부분 직설적이고 공격적이라서 자칫 되로 주고 말로 받을 수 있다. 대응하지 말고, 그렇다고 억지로 수긍하지도 말고 은근슬쩍 다른 방향으로 화제를 돌리는 것도 방법이다.

비뚤어진 질문을 받으면 답이 비뚤어지게 나간다. 질문이 답에 영향을 주는 방증이기도 하다. 물론 답에 영향을 주려고 (약 올리기라는가 이성을 잃게 한다든가) 의도적으로 그러한 질문을 할 때도 있기는 하다. 그런 경우는 예외로 하고 서로 감정 상하기 쉬운 비뚤어진 답을 듣지 않으려면 질문을 중립화하자. 쉽게 실천할 수 있는 방법이 있다. '나는 네가 어떤 생각을 하는지 궁금하다', '나와 관점이 어떻게 다른지 궁금하다', '그런 발상을 어떻게 하는지 궁금하다', '앞으로 어떻게 할 것인지 정말로 궁금하다', '나는 너를 새롭게 발견하고 싶다' 등으로 **눈을 반짝이며 궁금해 하는 것이다. 그러면 중립화된 질문이 저절로 나간다.** 의문문은 답을 목적으로 하고 질문은 앎을 목적으로 한다. 하나도 궁금하지 않고, 알고 싶지도 않은 상태에서 하는 질문은 진정한 의미에서 질문이라 할 수 없다. 자기주장이다.

의문사 '무엇을'의 중요성

질문을 올바르게 하지 못하면 원하는 정보를 얻을 수 없다. 심지어 헛수고를 할 수 있다. 올바른 질문을 발상하지 못하도록 방해하는 요소로 '지레짐작'과 '어림짐작'이 있다. 지레짐작은 '어떤 일이 일어나기 전 또는 어떤 기회나 때가 무르익기 전에 확실하지 않은 것을 성급하게 미리 하는 짐작'이라는 뜻으로 유의어로 속단, 예견, 예측 등이 있다. 어림짐작은 '대강 헤아리는 짐작'이라는 뜻으로 유의어로 '추측'도 있지만 '표준(1. 사물의 정도나 성격 따위를 알기 위한 근거나 기준 2. 일반적인 것, 또는 평균적인 것)'과 '기준(기본이 되는 표준)' 등이 있다는 사실에 주목하자.

확실하지 않은 것을 성급하게 질문했을 때 원하는 정보를 얻기 힘들다는 사실은 거의 예외가 없다. 그리고 표준과 기준을 근거로 대강 헤아려 질문했을 때 생각지 못하게 답이 막힐 때가 있다. 자기 나름대로 표준이나 기준이라 믿은 그것이 오히려 필요로 하는 정보를 얻는 데 방해가 되는 것이다.

어머니가 40여 일간 매일 일정 시간에 일명 뼈주사인 포스테오주를 자가투여해야 했다. 20여 일 투여하니 주삿바늘이 모자랐다. 동네 약국에 가서 정확히 이렇게 물었다. "'포스테오주' 주삿바늘 있나요?" 당연히 구입할 수 있겠거니 어림짐작해서 물었는데 돌아온 답은 예상 밖이었다. "처방전이 있어야 합니다." 병원에 전화해 문의했더니 처방전 없이 약국에서 구입할 수 있다고 했다. 두 번째 약국에 갔다. "저쪽 약국에서는 '포스테오주' 주삿바늘을 구매하려면 처방전이 있어야 한다는데 맞나요?" 약사가 답했다. "우리 약국에서는 포스테오주를 취급하지 않아서 잘 모르겠습니다."

이 역시 예상치 못한 답이었다. 희망을 버리지 않고 다시 물었다. "그러면 어디서 그 주삿바늘을 구매할 수 있을까요?" 약사가 답했다. "동네약국에서는 구하기 힘들 거예요. 큰 병원 근처로 가보세요." 대형병원 근처 약국으로 갔다. "'포스테오주' 주삿바늘을 구매할 수 있나요?" 약사는 "잠깐만요, 검색해 볼게요" 하더니 말했다. "인슐린 주사를 놓을 때 쓰는 주삿바늘은 있어요." 이건 또 무슨 말인가, 싶어 "당뇨환자가 아니라 골절환잔데요" 했다. 여기서 더 묻기를 포기하고 돌아섰다면 앞서의 과정을 계속 반복했을 것이다. "자가투여 주삿바늘은 주사 종류와 상관없이 같은 것을 사용하나요?" 그렇다고 했다. "제가 주삿바늘을 볼 수 있을까요? 보면 알아요" 하고 확인했더니 모양은 같은데 바늘길이가 2mm부터 8mm까지 여러 종류였다. 전화해서 어머니께 몇 mm인지 말해달라고 했고 8mm라는 답을 얻었다. 왜 이렇게 헛수고를 했을까.

나는 '포스테오주'라고 하면 거기에 맞는 주삿바늘을 쉽게 구입할 수 있을 거라고 어림짐작했다. 그러나 중요한 것은 주사액 명칭이 아니라 '자가투여주사'라는 용도와 '뱃살이 얼마나 되느냐(뱃살이 두터울수록 바늘이 길어야 한다)'였다. 내용은 달라도 이런 식의 헛고생을 대부분 한두 번쯤 했으리라 생각한다. 뭐가 잘못됐을까. 앞서 답이 필요해 묻는 질문에는 '누가, 언제, 어디서, 무엇을, 어떻게, 왜'라는 의문사를 사용하자고 했다. 내 경우에 '무엇을'에 해당하는 내용을 정확하게 파악하지 못한 채 지레짐작하고 물어서 필요한 정보를 얻는 데 괜한 수고와 시간이 들었다. '무엇을'은 다른 다섯 개 의문사보다 함의가 넓다. '무엇'에 굳이 '을'이라는 조사를 붙인 이유가 있다.

을 조사

1. 동작이 미친 직접적 대상을 나타내는 격 조사
2. 행동의 간접적인 목적물이나 대상임을 나타내는 격 조사
3. 어떤 재료나 수단이 되는 사물임을 나타내는 격 조사

이상을 감안해 문장으로 풀면 다음과 같은 형태가 된다. 어떤 것(사람)이냐, 어떤 상황이냐, 어떤 방법이냐, 어떤 생각이냐, 어떤 문제냐……. 의문사 '무엇을'은 의미상 '어떤', '어떠한'을 가리킬 때가 많다. 다른 의문사인 '어떻게'와는 글자가 비슷해도 용도가 다르다.

질문할 때 '무엇을(어떤)'을 명확하게 전달하기란 생각보다 어렵다. 일단 무엇에 해당하는 단어의 개념이 서로 일치하지 않으면 상상도 못 한 혼란이 빚어진다. 타인이 의미하는 '무엇을(어떤)'과 내가 의미하는 '무엇을(어떤)'을 일치시켜야 하는 것이다. 앞서 어떤 주삿바늘을 찾고 있느냐에서 내가 포스테오주 주삿바늘이라고 확신했지만 답은 자가투여 주삿바늘 8mm였던 것처럼 말이다. 처음부터 "자가투여 주삿바늘 8mm 있나요?"라고 물었다면 헛수고하지 않았을 것이다. 어쩌면 첫 번째 약국에서 바로 구입할 수 있었을지 모른다. 또한 대화를 나눌 때 '무엇을(어떤)'에 해당하는

단어의 개념이 일치하지 않으면 실컷 말했더니 알고 보니 서로 딴소리했던 상황이 생길 수 있다.

다른 의문사들도 크게 다르지 않다. 으레 담당자겠거니 지레짐작하고 해당 사항을 질문했다가 돌아온 답이 "담당자 부를게요", 혹은 "담당자 연결할게요"여서 똑같은 말을 하염없이 반복하다 정작 해당 내용을 말할 즈음이면 기운이 다 빠져 있다. (처음부터 ○○○에 대해 물으려 하는데 담당자신가요, 하고 물었어야 했다.) 또 친구가 시계가 없는 시대에 사는 사람처럼 점심 먹고 만나, 혹은 퇴근하고 만나, 하는 식으로 약속시간을 어림잡으면 내 귀에는 '만날 수도 있고, 못 만날 수도 있어'라는 말이나 다름없이 들린다. (정확히 몇 시라고 말해달라고.) "○○○ 근처에서 만나" 같은 말도 마찬가지다. (근처 동서남북 어디란 말인가.) **그나마 누가, 언제, 어디서는 일상에서 흔히 묻는 편이다. 의외로 사용하지 않는 의문사 세 개는 무엇을, 왜, 어떻게이다. 뒤늦게야 '무엇을', '왜', '어떻게(할 것인지)'에 대해 묻지 않았는지 후회한다.**

'무엇을'이라는 의문사가 인간관계에서 따듯한 힘을 발휘할 수 있다. "K에게 무엇이 필요하고 무엇을 원하고 있을까?" 하는 질문은 관심이 있어야 할 수 있다고 여길 수 있지만 질문부터 하면 관심이 생긴다. 우리가 주로 하는 '왜'를 '무엇을'로 바꿔 질문하면 관점이 바뀌면서 상황을 다르게 만들 수 있다. 인간관계에서 갈등을 겪을 때 대부분 이렇게 생각하거나 말한다. '도대체 왜 저래?'

여기에는 상대가 자신의 기준에서 벗어났다는 판단이 깔려 있다. 이렇게 시작하면 상대의 부정적인 면들만 레드카펫을 따라 줄줄이 입장하면서 상대를 미움 받아 마땅한 인간으로 만든다. '왜?'를 '무엇을?'로 바꿔보자.

왜 그랬어?
└ 무엇이 필요해서 그랬어? / 무엇을 원해서 그랬어?

왜 저럴까?
└ 무엇이 필요해서 저랬을까? / 무엇을 원해서 저랬을까?

의문사를 맞춤해 구사하면 상대의 생각이나 답에 영향을 주지 않는 중립적인 질문을 할 수 있다는 말은 '무엇'에도 예외가 아니다. 감정을 조절하지 못해 자동반사적으로 튀어나오는 '왜'를 잠시 눌러두고 '무엇'으로 바꾸기만 해도 감정의 기어를 중립에 놓을 수 있다. '왜'는 '무엇' 다음에 나와도 늦지 않다. 그런데 이때의 '왜'는 다음에 나오는 말이 중요하다. 귀책이 아닌 유추의 뜻을 가진 말을 붙이는 것이다.

왜 (그것, 그렇게 하는 것이) **필요할까**
왜 (그것, 그렇게 하기)를 **원할까**

상대에게 차분한 어조로 "왜 (그것, 혹은 그렇게 하는 것이) 필요해?"라거나 "왜 (그것, 혹은 그렇게 하기를) 원해?"라고 허심탄회하게 물어도 유용하고, 수시로 자기 자신에게 물으면 충동을 조절할 수 있으며 허무나 상실감을 예방할 수 있다. **이유도, 목적도, 의미도 모르고 앞만 보고 무작정 달렸다가 어느 순간 덜컥 싱크홀에 빠져버린 셋처럼 되고 마는 것이 번아웃이기 때문이다.** '왜'라는 질문은 이유와 목적, 의미 등에 대한 의문이다. 그리고 세상에 의문을 갖지 말아야 할 대상은 아무것도 없다. 그래서 묻는다. 당신은 무엇을 원하는가? 왜 그것을 원하는가? 그것에 성공할 때 주어질 것으로 기대하는 결과가 무엇인가? 그 결과는 당신에게 어떤 의미가 있는가? 어떤 행복감을 주는가?

양자적 세상에서의 질문법

이제 의문사에 대해 답할 차례이다. 우리는 답을 찾을 때 관련한 정보를 수집하고, 입수한 정보를 바탕으로 가설을 세우고, 가설을 검증해서 결론을 내린다. 이것이 합리적인 결과를 도출하는 데 가장 유용한 방법으로 알려져 있다. 그러다 아닐 수 있겠다고 크게 깨달은 계기가 있다.

내가 어떤 의견을 말하면 유독 피드백이 늦은 이가 있었다. 듣고 있는지 아닌지 표정에서 읽히지 않는 데다 (사실은 듣고 있지 않은 것 같았다) 그렇다, 아니다 하는 답도 바로 하지 않았다. 듣고 있는 간간이 고개를 끄덕이거나 고개를 마주치는 등 몸으로 보내는 신호도 없었다. 이러한 상황에 대한 합리적인 이해는 둘 중 하나다. 상대가 사회성이 부족한가 보다. 다른 하나는 내 말이 흥미롭지 않아 관심이 없나 보다. 둘 중 무엇인지 알 수 없지만 대충 그렇게 이해하고 넘어가다 (사실은 참다가) 어느 날 묻고 말았다. "내가 하는 말에 대해 왜 반응이 없어요?" (왜라고 묻고 말았다.) 대답은 전혀 예상 밖이었다. "생각하느라 그랬습니다." 관심이 없어서가 아니라 반대로 깊이 생각하느라 그랬던 것이다. 그러고 보니 깊이 생각하는 표정과 멍 때리는 표정은 비슷한 것도 같다. 내가 알고 있는 정보를 바탕으로 세운 가설이 잘못됐다. 이렇게 되면 잘못된 결론을 도출할 수밖에 없다.

우리는 질문을 하면서 어느 정도 답을 예측한다. 이때 뉴턴적 사고에 갇히기 쉽다. 뉴턴적 사고의 기본은 기계론적 세계관, 즉 인과관계에 의한 결정론이다. 원인을 알면 결과를 예측할 수 있다. 자연, 역사, 사회 등의 현상은 일정한 법칙에 따라 일어나므로 법칙을 알면 예측할 수 있고 또한 모든 법칙을 밝혀낼 수 있다. 뉴턴적 사고는 안정적이고 확실하며 이분법적이다. 현재까지 물질계뿐 아니라 인류의 정신을 지배하고 있는 확고한 신념이라 할 수 있다. 반대 지점에 양자적 사고가 있다. 미래의 상태는 불연속적이며 확률로만 예측할 수 있다. 불안정하고 불확실하며 모호하고 복잡하다. 확실한 결과나 답은 없지만 대신 다양한 가능성이 존재한다. 이쯤 되면 세상의 패러다임이 뉴턴적 사고에서 양자적 사고로 바뀌고 있다는 사실을 눈치챘을 것이다.

양자적 세상에서 뉴턴적 사고를 하면 복잡하고 답답하고 속이 터진다. (예: 공부 잘해서 명문대 가면 미래가 보장되는데 왜 공부를 안 하는 거야?) 그런데 과연 패러다임에 한정된 얘기일까. 인간 본연이 양자적이다. 상황이나 관계에 따라 생각이나 감정이 변화무쌍하게 변화한다. 복잡할 뿐 아니라 모호하다. 인간에게 안정적이고 확실한 것은 사실상 전무하다고 해도 틀리지 않다.

생각이나 감정뿐 아니라 몸 또한 그러하다. 이런 인간을 두고 뉴턴적 사고에 입각한 질문을 하면서 그에 걸맞은 답을 기대하면 작게는 불통이 되고 크게는 억압이 된다. 예를 들어보겠다. 엄마가 몸이 아파서 누워 있다가 주방에 나와 보니 밀가루가 엎어져 있고 달걀 껍질이 바닥에 떨어져 있고 아이 둘은 밀가루 반죽을 얼굴과 손, 옷 여기저기에 묻혀놓았다. 가뜩이나 몸이 아픈 엄마가 버럭 소리를 지른다. "도대체 왜 이렇게 말썽을 부리는 거야!" 이때 엄마의 뉴턴적 사고는 '아이들이 엄마가 잠든 사이에 주방에서 엄마놀이 한답시고 난장을 만들어놓았다'이다. 그래서 아이들을 붙잡고 "왜 이랬어?" 하고 묻는다. 큰아이가 답한다. "엄마에게 케이크를 만들어주고 싶었어요." 엄마의 뉴턴적 사고에 없던 답이었다. 방금 전까지 작은 악마처럼 보이던 아이들이 순백의 천사로 보인다. 그런데 아이들이 천사로 보이는 것과 별개로 엄마의 허락을 받지 않고 주방을 어지럽혀 엄마에게 일을 보탠 것은 옳은가, 틀린가. 이에 대해 이분법적으로 답하기 어렵다. 그러기에 모호하다. 사랑하는 사람과 함께 있는 것도 좋지만 혼자 있을 때 홀가분하다고 한다면 사랑하지 않아서 그런 것인가? 그렇다면 차라리 혼자가 나은가? 이를 두고 이분법적으로 답할 수 없는 것도 마찬가지다.

세상이 뉴턴적 사고에 입각해 움직여도 우리는 앞의 사례와 비슷하게 '그렇다, 아니다', '옳다, 틀리다', '잘했다, 잘못했다', '좋다, 싫다' 깔끔하게 두 동강 내듯 이분법적으로 결론 내릴 수 없는 복잡하고 모호한 상황이 많다는 사실을 잘 알고 있다. 그런데도 **무릅쓰고 뉴턴적 사고로 해법을 내려 하거나 제대로 알지 못하면서 답을 내리려 하면 억지스러워진다. 그 잘못된 답에 상황을 끼워 맞추려 한다.** (잘못된 질문에는 답이 없다는 사실을 다시 새기자.)

양자적 세계에서는 양자적 사고를 해야 한다. 바로 다양한 가능성을 열어놓는 것이다. 그럴 수 있는 방법은 이미 알고 있다. 흔히 하는 말이기도 한, 틀리다가 아니라 다르다이다. 나아가 무엇이 어떻게 다른지 아직 내가 모른다, 내가 상상도 하지 못한 답이 존재할 수 있다, 혹은 애초에 답이 없을 수도 있다, 라고 사고하는 방식을 요철 없이 평평하고 너르게 만드는 것이다.

길을 잃어 시야가 뻥 뚫린 평야 한가운데 서서 지평선을 바라보고 있다고 상상해 보자. 저 너머는 어디일까, 무엇이 있을까. 아는 지식을 총동원해 답을 예측하지만 (와이파이가 터지지 않는 곳이라고 해두자) 아닐 수도 있다는 사실을 이해한다. 아니라면 다른 것을 생각하면 된다. 이런 자세로 '왜?'에 대한 답을 찾아가자. 그리고 이 과정에 중요한 요소가 또 있다.

기껏 질문을 해놓고 정작 답에 귀 기울이지 않는 경우가 많다. **질문의 효과는 경청의 수준과 비례한다. 올바로 경청하면 '무엇을', '왜'에 대한 답을 보다 쉽게 찾을 수 있고 자연스레 어떻게(할까)로 이어진다. 어떻게는 방법에 대한 의문이자 모색이며 어떻게를 어떻게 하느냐에 따라 새로운 패러다임이 탄생한다.** (이에 대해서는 뒤에서 다룬다.) 무작정 듣는다고 다 경청이 아니다.

경청에도 기술이 필요하다. 바로 '맥락'이다. 아무리 들어도 맥락을 파악하지 못하면 제대로 이해할 수 없다. 언제나 진의는 겉으로 드러난 말이나 글이 아니라 맥락에 있다. 일부러 어렵게 하려고 숨기냐는 오해를 받기도 하지만 말이나 글의 특성이 모호성(여러 뜻이 뒤섞여 있어 정확하게 무엇을 나타내는지 알기 어려운 말의 성질)이라는 사실을 염두에 두자. 우리는 자신이 이해한 것이 상대가 말한 의미와 같은지 늘 의심해야 한다. 또한 자기가 하는 말을 상대가 제대로 이해하는지 늘 의심해야 한다. (의심하지 않고 잘·잘못을 따지면 싸움 난다.) 맥락을 파악하지 못한 채 말을 나누면 말이 산으로 간다. 맥락을 파악하면 말이 소모되거나 부딪침 없이 맑은 날 물 흐르듯 경쾌하게 흘러간다. 더 이상 모호하지 않다. 맥락을 파악하지 못했다면 입을 다물고 더 귀 기울이고 더 생각하는 것이 현명하다.

맥락을 파악해

질문하라

맥락을 파악하지 못하면 국어시간에 김유정의 단편소설 『동백꽃』을 배우다 이런 질문을 할 수 있다.

"도대체 닭싸움만 하다가 끝나는 게 왜 남녀 간의 사랑을 상징하나요?"

십대의 나도 이 작품이 왜 사랑 이야기인지 이해하지 못했다. 그렇다고 하니까 그러려니 했다. 용기가 없어서 앞서와 같은 질문을 하지 못했다. 이 이야기는 닭싸움만 하다가 끝나지 않는다. 주인공이 점순이네 수탉을 단매로 때려 엎어 죽이기까지 한다. 실제로 『동백꽃』의 분량 90퍼센트 가량이 점순이가 몸집이 큰 자기네 수탉을 주인공네 작은 수탉과 싸움을 붙여서 괴롭히고 이 때문에 둘이 티격태격하는 이야기다. 이렇게 높은 비중으로 미루어 이야기의 의도가 '닭싸움'이거나 '점순이 미워'려니 한다면 일기라면 모를까, 문학이라는 맥락을 모르고 하는 소리가 되겠다. 그래서 앞서의 학생도 그 정도의 맥락은 이해하고 이렇게 질문했다.

"도대체 닭싸움만 하다가 끝나는 게 왜 남녀 간의 사랑을 상징하나요?"

내가 담당 교사였다면 이렇게 질문을 되돌렸을 것이다.

"점순이가 닭싸움을 시키기 시작한 계기가 뭘까?"

그러면 점순이가 일하고 있는 주인공의 어깨 너머로 봄 감자가 맛있단다, 하면서 삶은 감자 세 개를 내밀었는데 주인공이 쳐다보지도 않고 너나 먹어라, 하면서 거절했기 때문이라고 답할 것이다. 그러면 다시 물을 것이다.

"고작 삶은 감자 따위를 거절했다고 죽도록 닭싸움까지 시키면서 주인공의 부아를 치밀게 할까? 너라면 어떨 거 같아? 감자가 뭐길래?"

'감자'는 주인공이 점순이가 자기를 못 잡아먹어 안달이 난 사단을 유추하는 대목에서 대수롭잖은 듯 잠시 등장했다가 '그 일도 나는 잘못 없다'로 무심히 지나간다. (주인공은 점순이의 맥락을 파악하지 못하고 있다.) 그러는 사이 점순이가 이번에는 주인공네 씨암탉을 붙들어다 직접 패주고 있다.

맥락은 '사물 따위가 서로 이어져 있는 관계와 연관'이다. 연관은 사물이나 현상이 일정한 관계를 맺는 일이며 관계는 둘 이상의 사람·사물·현상 따위가 서로 관련을 맺거나 관련이 있음이다. 즉 **맥락을 파악한다는 것은 사람·사물·현상 등이 서로 무슨 관계이고 어떤 관련이 있는지 그 내용과 본질을 확실하게 이해하여 아는 것**이라 하겠다.

이에 따라 김유정의 단편소설 『동백꽃』의 맥락을 파악하는 과정은 다음과 같다. 주인공과 점순이는 닭싸움으로 연관돼 있다. 닭싸움은 감자와 관련 있다. 한편 감자에는 두 가지 입장이 겹쳐 있다. 점순이가 주고 싶어한 감자와 주인공이 거절한 감자. 점순이는 왜 감자를 주고 싶었을까. 그리고 주인공은 왜 감자를 거절했을까.

『동백꽃』에만 해당하는 맥락이 아니다. 인물이 등장하는 모든 스토리뿐 아니라 당장의 현실에서도 늘 비슷하게 존재하며 그에 따라 질문이 발생한다.

맥락	질문
인물들은 반드시 연관이 있다.	어떤 연관이 있는가.
연관한 계기나 이유가 존재한다.	인물들이 관계를 맺은 계기 또는 관계를 유지하게 하는 사물이나 현상 등이 무엇인가.
사람은 입장이나 생각이 완벽하게 일치할 수 없다.	그 사물이나 현상 등에 대한 인물들의 입장이나 생각이 어떻게 다른가.
다르면 갈등이 발생한다.	그 다른 입장이나 생각 차이가 어떤 갈등을 만들고 있는가. 혹은 어떤 갈등의 소지가 있는가.
갈등은 상황을 유발하거나 관계를 변화시킨다.	어떤 사건이 발생했고 어떻게 관계가 변화하는가.

앞의 예시에 대입해서 현재 자신의 맥락을 살펴도 좋겠다. 한 사람에게도 맥락이 있다.

- 나는 (　)와 어떤 연관이 있는가.
- (　)와 관계를 맺은 계기 또는 관계를 유지하게 만드는 사물이나 현상 등은 무엇인가.
- 그 사물이나 현상에 대한 입장이나 생각이 나와 (　)은 어떻게 다른가.
- 그 다른 입장이나 생각 차이가 나와 어떤 갈등을 만들고 있는가. 혹은 어떤 갈등의 소지가 있는가.

- 어떤 사건이 발생했고 어떻게 관계가 변했는가.

평소 맥락 파악하기를 어렵게 여긴다면 한 학생이 "도대체 닭싸움만 하다가 끝나는 게 왜 남녀 간의 사랑을 상징하나요?"라고 질문했던 것처럼 당장 이해하기 어려운 지점부터 시작해도 좋다고 말하고 싶다. 이제 다시 김유정의 단편소설 『동백꽃』으로 돌아가자.

- 점순이는 왜 감자를 주고 싶었을까?
  답 : 주인공을 좋아해서.
- 주인공은 왜 감자를 거절했을까?
  답 : 점순이가 마름의 딸이라서 동네에 괜한 소문이 났다가 땅도 떨어지고 집도 내쫓길까 봐.

이 두 가지는 질문이기도 하지만 이야기를 관통하는 두 개의 큰 맥락이며 이에 따른 등장인물들의 상황을 이해하면 고작 삶은 감자 따위가 유발한 에피소드들을 풍성하게 감상할 수 있다. 훌륭한 텍스트일수록 맥락이 다양하고 정교하게 직조되어 있으며 의미를 전달하는 데 넘치거나 모자라지 않는다.

맥락을 영어로 '콘텍스트^{Context}'라고 한다. **콘텍스트는 말이나 글의 의미를 이해하는 데 도움을 주는 모든 정보이다.** 그 모든 정보란 사회와 문화, 상황, 환경, 배경, 의도, 성향 등이다. 콘텍스트를 파악한다는 것은 그 모든 정보가 텍스트에 어떤 영향을 주고 어떤 관련을 맺고 있으며 나아가 역으로 텍스트가 사회와 문화, 상황, 환경, 배경, 의도, 성향 등에 어떤 영향을 끼치는지 이해하여 아는 것이라 할 수 있다.

맥락을 영어로 콘텍스트라고 한다지만 의미가 완전히 일치하지 않는다는 점을 알 수 있다. 우리가 맥락이라고 할 때는 대체로 구조(부분이나 요소가 어떤 전체를 짜 이룸. 또는 그렇게 이루어진 얼개)에 가까운 의미로 구사한다. 한 편의 글을 예로 든다면 장르에 상관없이 제일 먼저 하는 작업이 구조 세우기이다. 간단하게 '서론-본론-결론'이라고 한다면 각각을 대략 어떤 내용으로 채울 것인지와 함께 각각이 어떤 연관을 맺으면서 어떻게 흘러가도록 할지 결정하는 것이다. 기준은 '의도'이다. 흔히 의도를 숨긴다고 하지만 구조를 파악하면 의도와 그에 따른 전개를 유추할 수 있다.

살인사건이 발생하면서 시작하는 이야기와 마지막에 살인사건이 발생하는 이야기의 의도는 다르다. 전자는 누가 죽였나, 추리이고 후자는 언제 어떻게 죽이나, 치정이나 원한, 복수일 것이다. 중간에 살인사건이 발생하면 주인공이 어떻게 위기를 헤쳐 나가는지에 대한 이야기가 될 것이다. 이러한 배경으로 맥락과 콘텍스트를 분리해서 쓰는 경우가 많다. 특히 마케팅 등의 분야에서 그러한데 대표적으로 아마존, 페이스북, 유튜브 등 전 세계 이용자들의 콘텍스트를 수집하는 플랫폼이라 할 수 있다. 이용자의 콘텍스트를 수집해 그에 맞춤한 서비스를 제공하고 그 결과가 사회와 문화 등에 영향을 준다. AI 시대에는 콘텍스트를 점유하려는 기업 간 경쟁이 더욱 치열해질 것이다.

김유정의 『동백꽃』의 콘텍스트와 관련해 질문하고 답을 찾아간 적 있다. 작품의 제목이자 한국 문학사에서 손꼽히는 명장면인 결말에 등장하는 "'노란 동백꽃'은 동백꽃이 맞을까?"였다. 소설에서 묘사한 '알싸한 그리고 향긋한 그 내음새'가 붉은 동백꽃에서는 나지 않는다. 김유정의 '동백꽃'은 생강나무 꽃으로 강원도 사투리다. 그리고 김유정의 고향이 강원도 춘천이다. 생강나무 꽃은 산수유와 더불어 이른 봄에 가장 먼저 노랗게 핀다. 생강나무 꽃이 피면 힘겨운 겨울의 끝에서 아직 오지 않은 찬란한 봄을 확신해도 좋은 것이다.

작가는 닭싸움으로 아르릉거리던 둘의 사이가 어떻게 변화할지 노란 동백꽃을 피워 희망을 암시했다. 이런 의미는 마치 사람의 속마음처럼 겉으로 표현되지 않으며 맥락을 파악해야 이해할 수 있다. 또 지금까지 살핀 것처럼 **맥락을 파악하려면 '유추'가 필요하다. 유추력을 갖추면 단어의 뜻을 정확하게 몰라도 맥락을 이해할 수 있고, 낯선 비유나 은유를 접하더라도 어떤 맥락에서 나왔는지 이해하기 때문에 적절하게 대응할 수 있다.** 우리는 맥락에 맞는 낯선 단어와 맥락에 맞지 않는 익숙한 단어 중 전자를 더 쉽게 이해한다. 더구나 한국어뿐 아니라 어느 나라든 동음이의어가 많아 맥락을 살피지 않으면 의미가 달라질 뿐 아니라 엉뚱하게 오해할 수 있다.

'맥락 파악하기'는 모든 텍스트^{Text}(말·글로 이루어진 복합체)를 이해하는 데 꼭 필요하다. 제대로 파악하지 못하면 텍스트를 이해하지 못하거나 오해한다. 심지어 텍스트가 이상하거나 잘못됐다고 판단하는 우를 범한다. 한편으로 어떤 질문이나 답변에서건 자기 감정에만 충실하면 맥락에서 벗어나기 쉽다. 관련해 대표적인 사례가 역사적으로나 개인적으로 고통스러운 이야기를 듣고 나서 이렇게 반응하는 경우이다. "정말 그랬어?" "나는 몰랐어." "나도 힘들어." "사는 건 다 힘들어." "원래 인간이 다 그래." 공감하고 못하고는 둘째치고 맥락에서 완전히 벗어났다. 어디에나 갖다 쓸 수 있는 반응은 어디에도 적절한 응답이 되지 못한다는 사실을 기억하기 바란다. 일상에서 맥락을 파악하지 못한 대화의 형태로 이런 예를 들 수 있겠다.

"많이 춥죠?"
"겨울이니까 당연히 춥죠."
"……."

"이제 정말 가을이 오려나보네요?"
"여름이 갔으니까요."
"……."

말이나 글이 하염없이 한 개의 맥락을 따라갈 수는 없다. 때로 지금까지의 내용을 요약해서 정리한 다음 다른 방향으로 맥락을 전환하는 것도 필요하다. 그러나 이러한 기술조차 맥락을 파악해야 할 수 있다. 맥락을 파악하지 못하는 것과 의도적으로 맥락을 재치 있게 끊어 다른 맥락으로 전환시키는 것은 엄연히 다르다. 개인적으로 지금까지의 이야기가 효용을 다하기 직전 유쾌하고 재치 있게 맥락을 전환시켜 모두를 살리는 질문을 최상급 질문이라 여긴다. 모든 말과 글은 맥락에서 나온다. 맥락은 의미이다. 맥락이 없다는 말은 아무 의미 없는 헛소리라는 얘기다. 맥락을 모르고 하는 질문 역시 그래서 당연히 질문의 효용을 얻을 수 없다.

> **참고**
>
> **맥락을 잃지 않고 어떻게 질문해야 하나요?**
> 한국인은 돌려서 묻는 경우가 많다. 단도직입적으로 물으면 의도치 않게 실례할지 몰라서이다. 그렇게 여긴다면 오해가 아닐까 싶다. 질문을 받아서 기분이 상한다면 단도직입적이라서가 아니라 (단도직입적인 질문을 받으면 기분이 상한다기보다 당황한다) 질문자의 태도가 잘못되었거나 질문하는 내용이 적절치 않기 때문이다. 상대에 대한 배려와 존중이 결여됐거나 뻔히 알면서 떠보려 묻는 것이 잘못된 태도이고, 상대의 분야나 수준, 현재 상황 등의 콘텍스트를 전혀 모르고 (혹은 알려고 하지도 않고) 묻는 것이 적절치 못한 질문이다. 상대에 대한 배려와 존중을 갖추고 상대의 분

야와 수준, 상황을 파악해 질문한다면 단도직입적인 방식도 나쁘지 않다. 상대에 따라 오히려 쾌도난마식의 단도직입적인 질문받기를 즐길 수도 있다.

또 하나, 어지간히 집중하지 않고는 돌려서 묻다가 맥락을 잃기 쉽고, 받는 사람 입장에서는 도대체 무엇을 묻고자 하는지 파악하기 힘들거나 잘못 이해해서 엉뚱한 답을 할 수 있다. 만일 자신의 질문이 상대에게 실례가 될까 미덥잖다면 질문하기에 앞서 "혹시 실례가 될지 모르는 질문을 해도 될까요?"라고 상황이 괜찮은지 묻자. 상대는 '예/아니오'로 답하기보다 "어떤 질문인데요?" 하고 되물을 것이다. 이때 알고 싶은 내용의 핵심 어휘를 '간략하게' 언급한다. 그에 대해 상대가 '예'라고 하면 실문하고, '아니오'라고 하면 안 하면 된다. (꼭 필요한 질문이라면 일단 나중으로 미루자.) 그런데 이때 자신이 알고 싶은 핵심이 무엇인지 정확히 알지 못하면 대화를 시작하기조차 어렵다.

핵심
어휘를
정립하라

평균 온도 섭씨 영하 55도, 공기의 주성분은 이산화탄소. 당연히 생명체가 살기에 적합하지 않으며 안전을 보장할 수 없는 곳, 바로 '화성'이다. 화성에 정착해 살아갈 주민을 뽑는다는 '마스 원Mars One 프로젝트' 모집 공고에 세계 각국에서 10만 명이 넘는 지원자가 몰렸다. 이 프로젝트에는 조건이 있다. 한 번 떠나면 돌아올 수 없으며 그곳에서 남은 생을 보내야 하는 편도 티켓이라는 사실이다. 그런데도 10만 명이 넘는 지원자가 몰린 사실을 어떻게 해석해야 할까. 지구를 떠나고 싶은 사람이 그렇게 많다는 의미일까?

위의 이야기를 읽고 "마스 원 프로젝트를 추진한 마스 원 벤처스가 파산한 게 언제적인데! 처음부터 현실성이 없었어"라고 정보나 지식을 언급하는 반응은 맥락에서 벗어난다. 분위기가 일순간 어색해지는 상황은 주로 맥락을 잘못 짚어 반응할 때 발생한다. 맥락을 빨리 파악하는 비결은 핵심 어휘를 찾아내는 것이다. 위에서 핵심 어휘는 무엇일까? 분량을 차지하고 있는 화성? 마스 원 프로젝트? 분량과 핵심 어휘는 관계가 있을 수도, 없을 수도 있다.

위 이야기의 맥락은 지구를 영원히 떠나고 싶은 사람들이 많을지 모른다는, 화자가 지금까지 한 번도 해본 적 없는 발상을 하게 되었다는 사실이다. 마스 원 프로젝트는 그 계기일 뿐이다. 지구를 영원히 떠나고 싶은 사람이 많은지 아닌지, 그 일이 가능할지 아닌지 사실 여부를 따지는 것은 이 대목에서 중요하지 않다. 화자의 관심사는 화성이 아니기 때문이다.

핵심 어휘는 '떠나다'이다. 그러니 "너도 지구를 떠나고 싶을 때가 있어?"라는 식으로 핵심 어휘를 포함시켜 질문하는 것이 맥락에 맞다. 우리는 어떤 말을 들으면 누르고 있던 용수철에서 손을 뗐을 때 튀어 오르는 속도로 빨리 반응하는 경향이 있다. 또 상대가 하는 말이나 생각이 자기와 비슷하려니 일반화시키고 그것을 바탕으로 반응하는 경향도 있다. (어쩌면 지금 이 순간 세상에서 가장 독특한 생각을 하고 있을지 모르는데 말이다.) 그 결과 뻔한 말만 주고받는다. 핵심 어휘를 짚어내 응답하자. (질문 또한 응답에 속한다.)

모든 대화는 '화자의 말 + 청자의 응답'으로 이루어지며 대화를 발전시키는 응답은 자동반사적으로 나오는 "그랬구나"가 아니라 맥락에 달려 있다. 맥락에 올라타느냐, 벗어나느냐이다. 또한 정확한 의사소통은 맥락 안에서 어휘를 선택하고 사용할 때 가능하다. 그러려면 우선 **상대가 하는 말을 집중해서 경청하고 핵심 어휘를 짚어낼 수 있어야 한다. 그런 다음 핵심 어휘를 담은 문장을 만들어 응답하거나 질문한다.** 이는 '문해력Literacy'과 연관이 있다. 문해력이 뛰어나면 수월하고, 그렇지 못하면 다소 어려움을 겪는다.

문해력에 대한 정의는 계속 진화하고 있다. 애초에 '문해'란 문자를 읽고 쓰는 일을 뜻했다. 예를 들어 세종대왕이 한글을 창제한 이유는 문해력이 낮은 백성들을 위해서였다. 그러다 점차 범위가 넓어져 2004년 유네스코는 문해력에 대해 다음과 같이 정의했다.

문해력(Literacy)
다양한 내용에 대한 글과 출판물을 사용하여 정보를 찾아내고, 이해하고, 해석하고, 창작하고, 소통하고, 계산하는 능력.

글※을 읽고 표기할 수 있어도 이해하고 표현하는 능력이 부족하면, 즉 문해력이 낮으면 실질문맹이다. 유네스코가 문해력에 대한 정의를 내리고 20여 년이 흘렀다. 지난 20여 년은 인류사 수백 년을 압축했다고 해도 과언이 아닐 만큼 변화무쌍했고 조화무궁했다. 이에 따라 문해력은 빠른 속도로 변화하는 사회에 적응하고 대처하는 능력이라는 개념으로 확대됐다. 이 경우 국내에서는 영어인 리터러시Literacy를 사용한다. 아무래도 문해력이라는 용어가

글 문*자를 쓰다 보니 글과 출판물에 한정되었다는 인식을 주기 때문이다. 그래서 현재는 문해력과 리터러시를 약간 다른 의미로 혼용하고 있지만 최종적으로는 문해력도 리터러시와 같은 의미로 쓰이지 않을까 싶다. 21세기의 문해력, 혹은 리터러시에 대한 정의를 종합·정리하면 대략 이러하다.

문해력(Literacy)

다양한 내용에 대한 글과 출판물, 시각·청각 및 디지털 자료를 사용하여 정보를 찾아내고, 이해하고, 해석하고, 창작하고, 소통하고, 계산해서 사회에 적응하고 대처하는 능력.

앞서의 정의에서 청각 자료에 해당하는 것 중에 '말'이 있다. 대화뿐 아니라 강의나 회의 등도 말로 이루어진다. 그 말을 통해 정보를 찾아내고, 이해하고, 해석하고, 소통할 수 있다면, 즉 말에 대한 문해력이 있으면 적절하게 질문할 수 있다. 그렇지 못할 경우 맥락과 핵심에서 벗어난 생뚱맞은 질문을 하기 쉽다. 물론 다른 사람들이 생뚱맞다고 여기는 질문을 통해 그 분야의 새로운 길을 여는 경우도 있기는 하지만 먼 훗날 판명할 수 있으니 여기서 예외로 한다. 상대의 말에서 핵심 어휘를 찾아내고 맥락 안에서 어휘 선택을 해 질문하자. 질문하기 전에 핵심 어휘를 정립하면 질문을 통해 알고 싶은 것이 무엇인지 질문의 목적과 의도가 명확해진다.

질문의
의도와 목적을

명확히
하라

질문부터 중언부언이다. '알고 싶어서 묻고 싶은데 뭘 어떻게 물어야 하는지 모르겠다'는 상황이다. 뒤죽박죽인 서랍 안처럼 알고 싶은 내용이 정리되지 않았다. 그런 상태에서 하는 질문은 성급하다. 성급한 질문은 설익은 말이다. 설익은 말은 설익은 감처럼 떫은맛이 난다. 상대로 하여금 맛있게 먹지 못하고 도로 뱉어내게 한다. 나의 경우 이렇게 뱉어낸다. "지금 하신 질문을 정리해서 다시 해주시겠어요? 기다리겠습니다." 질문의 의도를 눈치챘더라도 정리되지 않은 질문이라면 같은 요청을 한다. 그러는 것이 질문자에게 보탬이 되기 때문이다.

가끔은 질문을 거듭해서 스스로 질문의 핵심 어휘를 찾도록 유도한다. 그러고 나면 질문자가 전보다 훨씬 정리된 질문을 한다. 비결은 자기가 발화하는 뒤죽박죽인 질문을 자기 귀로 들은 것에 있다. 그러는 잠깐 사이에 '뭔가 잘못 질문하고 있는 거 같은데?' 하고 체감한다. 질문을 정리해서 다시 하라는 요청을 받으면 반사적으로 질문을 통해 알고 싶은 것, 혹은 얻고 싶은 것이 무엇인지 서랍 안을 헤집는 것처럼 핵심을 찾아낸다. 더불어 사람의 말은 동시화면이 될 수 없다는 점을 기억하자. 한 개의 문장으로 한 가지만 물을 수 있고, 한 개의 문장에 한 가지에 대해서만 답할 수 있다. **한 개의 문장에 여러 가지의 질문을 뒤섞지 말자.**

질문하고 싶은데 무엇을 어떻게 물어야 할지 모르겠다면

① 떠오르는 대로 다 적는다.
② ①에서 적은 글을 핵심 어휘를 기준으로 모두 단문으로 분리시킨다.
③ ②에서 분리한 단문들을 놓고 알고 싶은 순서대로 번호를 매긴다.
④ 각각의 단문들을 보면서 질문하고 싶은 의도가 무엇인지 생각한다. (정보나 지식을 알고 싶어서인지, 알고 있는 정보나 지식을 확인하고 싶어서인지, 다른 사람의 의견이 궁금해서인지, 답을 듣기에 적합한 상대라서인지, 혹은 상대에게 호감을 얻기 위해서인지 등.)

⑤ ②의 단문들을 의문사를 붙인 의문문으로 바꾼다. 단문이니 질문도 짧고, 한 번에 한 가지만 물을 수 있게 만들어져 있을 것이다.
⑥ 한 번에 한 가지씩 묻는다. 질문하는 의도를 밝히면 훨씬 수월하게 질문의 의도나 목적에 부합한 내용을 들을 수 있다.

위의 방법은 내가 인터뷰 질문지를 작성할 때 응용했던 것이다. 방송작가 30여 년 중 10여 년 시사·사회 프로그램을 맡았는데 매일 최소 한 명은 인터뷰를 하고 질문지를 작성하고 진행자에게 전달해야 했다. 방송에 섭외할 정도라면 그 분야에서 명망이 있든가, 인기가 있든가, 화제가 됐든가, 이 시점에 시사점이 있다든가 등인데 한정된 시간 안에 의도와 목적에 최대한 부합한, 알찬 이야기를 끌어낼 수 있어야 한다. 그런 질문을 만들기 위해 우선 관련한 온갖 정보를 수집한 다음 위의 방법으로 인터뷰 질문지를 작성했다. 그렇게 10여 년을 하다 보니 먼저 의도와 목적을 분명히 해두고 질문하기가 배었고, 일상에서 활용하니 썩 효율적이다. 앞서 **맥락과 달리 질문에서는 솔직하고 담백하게 의도와 목적을 숨기지 않고 하는 것이 좋다.** 숨기고 질문한다고 상대가 못 알아채는 것도 아니고 자칫 유도질문처럼 느껴 불쾌해할 수 있다.

주변을 돌아보면 질문을 하는 사람이나 듣는 사람이나 같은 말을 서너 번 반복하면서 점점 목소리 톤이 올라가는 모습을 자주 본다. '개떡같이 말해도 찰떡같이 알아듣는다'는 속담이 있지만 거개가 개떡같이 말하면 개떡같이 못 알아듣고, 심지어 찰떡같이 말해도 개떡같이 못 알아듣는다. (내가 좋아하는 개떡, 미안해.) 그래도 일단 찰떡같이 말하는 것을 목표로 해야겠고, 이것이 질문이라면 **의도와 목적을 명확히 해두고 핵심 어휘를 강조하는 것이 방법이 되겠다. 그렇게 하면 질문은 저절로 의문사가 들어간 의문문으로 완성돼 발화된다.** 관련한 예를 최근 어휘력과 관련한 강연을 하면서 받은 질문에서 골라보았다.

의도와 목적이 분명하지 않은 질문의 예

- 어휘력이 풍부하면 말이 더 많아지는 역효과가 나지 않나요?
'역효과'라는 어휘를 보니 질문자가 말 많은 사람을 탐탁찮게 여기는 모양이다. 질문의 의도와 목적이 모호하다. 가뜩이나 말이 많은데 더 말이 많아지면 곤란하니 어휘력을 늘릴 필요가 없지 않느냐는 질문일까? 질문만 놓고 보면 단순히 '예/아니오'라는 답변을 요구하는 것도 같다. 그러나 맥락상 강연자에게 '예/아니오'만 들으려고 질문하는 경우는 거의 없다. 따라서 대략 이러한 내용으로 답했다. "길게 할 말을 짧게 줄여서 할 수 있는 것도 어휘력입니다." 앞의 질문을 이렇게 바꾸면 의도와 목적을 나타낼 수 있다. "어휘력이 풍부하면 말수가 많아질 것 같습니다. 어휘력과 말수는 어떠한 연관이 있을까요?"

- N개 국어 사용자에게 주실 수 있는 꿀팁이 있을까요?

 어떤 어려움에 대한 대처 방법을 듣고 싶은지 정확치 않다. N개 국어 사용자라고 해도 느끼는 어려움이 저마다 다를 것이다. 또한 질문자가 느끼는 어려움이 N개 국어 사용자라서인지 아닌지 확실하지 않다. 앞의 질문을 이렇게 바꾸면 의도와 목적을 나타낼 수 있다. "N개 국어 사용자가 한국어 어휘력을 늘리려면 어떤 방법이 좋을까요?" 또는 좀 더 구체적으로 "N개 국어 사용자로서 한국어를 구사할 때 (이러저러한) 어려운 점을 느낍니다. 무엇이 원인이고, 어떤 방법으로 해결할 수 있을까요?"

- 책을 많이 읽으면 어휘력이 올라가나요?

 흔히 하는 질문의 형태이다. 첫 번째 질문과 마찬가지로 '예/아니오'를 요구하는 질문이다. 이왕에 풍부한 정보나 지식을 원한다면 질문의 형태를 바꾸자. 우선 자신이 질문하고 싶은 의도와 목적을 짚어보자. 책을 많이 읽어야 어휘력이 올라간다는 말을 많이 들었는데 확실한지 확인받고 싶은가? 확실하다면 책을 읽을 의사가 있는가? 의도와 목적을 명확히 실으면 이러한 질문이 되겠다. "독서와 어휘력은 어떠한 연관이 있나요? 많이 읽을수록 어휘력이 확실하게 늘 수 있나요?" 이 질문에 대한 나의 대답은 이러하다. "독서는 분명 어휘력 향상에 도움을 줄 수 있습니다. '많이'가 아니라 '어떻게' 읽느냐에 따라서요. 그렇지만 읽기만으로는 한계가 있습니다. 글쓰기가 병행되어야 합니다."

의도와 목적이 명확한 질문의 예

질문 다음에 내가 덧붙인 글은 질문에 대한 답이 아니라 질문의 의도와 목적이 명확한가에 대한 내용이다.

- 절대적인 독서량과 상관없이 정제된 어휘를 습득할 수 있는 방법이 있을까요?
  이러한 태도가 바람직한가, 아닌가와 별개로 책을 많이 읽지 않고도 정제된 어휘력을 갖추고 싶은 의도와 목적이 명확하다.

- 카톡이나 메신저로 대화할 때 내가 쓴 단어를 두고 상대가 뜻을 오해하는 경우가 종종 발생합니다. 역으로도 마찬가지고요. 어떻게 하면 방지할 수 있을까요?
  누구나 몇 번쯤 경험했을 문제다. 문자로 잘 소통하는 방법을 알고 싶은 의도와 목적이 명확하다.

- 챗GPT의 등장으로 갑작스럽게 정보의 붐이 일고 있습니다. 실제 MZ 세대들은 '편지 쓰는 법 알려줘', '이메일 대신 써줘' 등 업무를 대신 요청하기도 하고 모르는 단어를 물어보기도 합니다. 실제 경험에서 얻는 것과 다른 결의 새로운 정보 습득이 어휘력 획득이나 문해력에 어떤 식의 영향을 끼칠까요?
  새로운 이기利器의 등장이 어휘력이나 문해력에 어떤 영향을 끼칠지 알고 싶은 의도와 목적이 명확하다.

- 같은 사람들을 만나고 비슷한 환경에서 일을 하고 대화를 해왔는데도 요새 유독 어휘력이 저하된 느낌을 받습니다. 흔히들 말하는 숏츠, 릴스 같은 숏폼 콘텐츠를 많이 본 영향일까요? 아니면 저도 모르게 다른 영향을 받았을까요? 후자라면 어떤 것들이 있을까요?

짧은 동영상 시청이 어휘력 저하의 원인이 될 수 있는지 알고 싶은 의도와 목적이 명확하다. 그 외에도 이 질문은 매우 흥미롭다. 일상에서 '내가 지금까지 ○○ 했는데 요즘 들어 △△ 해. 뭐가 문제일까?' 하는 식의 질문을 하는 경우가 많다. 당사자는 의식하지 못하지만 이미 답을 알고 있는 형식의 질문이다. 앞의 ○○에 해당하는 것을 더 이상 하지 않거나 새로운 변화가 필요하다는 것이 원인이자 답이다. 일반적으로 ○○를 의식하느라 더 중요한 △△를 놓치는 경우가 많다. 앞의 질문을 예로 들면 '같은 사람들을 만나고 비슷한 환경에서 일을 하고 대화를 해왔는데'가 어휘력이 저하된 느낌을 주는 원인이다. 오랜 기간 매일 같은 사람, 비슷한 환경에서 대화를 하면 당연히 어휘력이 늘지 않는다. 어휘력뿐 아니라 무엇이든 변화가 있어야, 자기보다 수준이 높은 상대를 만나서 자극을 받아야 실력이 향상된다.

의도와 목적이 명확한 질문은 상대가 이해하기 쉽도록 배경이나 상황을 맥락으로 언급하고, 알고 싶은 내용을 핵심 어휘 중심으로 묻는다. 이러한 질문은 여러 차례 생각을 정제해야 나올 수 있다. 이때 가장 중요한 점은 솔직해야 한다는 것이다. 어떤 의도와 목적으로 질문하는지 솔직하지 못해서 배경이나 상황 등에 그럴 듯해 보이는 포장을 씌우면 질문의 목적을 이루지 못하고 엉뚱한 데로 흘러간다.

- 맥락에 맞는 배경이나 상황을 예시로 제시하기
- 알고 싶은 내용을 핵심 어휘 중심으로 묻기
- 솔직하기

이 세 가지는 질문의 의도와 목적을 명확히 하는 데 도움을 줄 수 있다.

범주를 좁히고

구체적으로 질문하라

광범위한 범주의 질문은 대체로 짧다. 대표적으로 "신은 존재하는가", "인생이란 무엇일까", "어떻게 살아야 하는가", "왜 인간관계가 힘들까" 등이다. 이런 형식의 질문은 질문이라기보다 평생에 걸쳐 탐구해야 할 화두에 가깝다. 굵직한 화두를 아무한테나 질문으로 던지면 변죽을 울리는 답변이 돌아올 가능성이 크다. 실질적인 조언을 듣고자 한다면 세부화해서 구체적으로 질문하자.

'범주' 또는 '카테고리'는 '같은 특성을 지닌 부류나 범위'를 일컫는다. "맛있는 거 먹고 싶은데 뭐가 있냐?", "읽은 책 중에서 추천해 줄 책이 있어?", "K 알지? 그 사람 어때?" 각각의 질문은 각각 음식, 책, 사람이라는 범주에 있다. 너무 크다. 범주가 클수록 원하는 답을 찾기 힘들다. 범주를 반의반쯤으로 좁히자. 음식이라는 범주에는 맛, 식재료, 조리법 등이 있고 책이라는 범주에는 장르, 작가, 주제, 배경 등이 있으며 사람이라는 범주에는 외모, 인성, 능력 등이 있다. 범주를 좁힐수록 질문을 구체적으로 만들 수 있다.

"매일 먹는 밥 말고 새로운 음식을 먹고 싶은데 이왕이면 **신선한 채소가 많이 나오는** 음식이면 좋겠어. 그런 음식으로 뭐가 있을까?"

"**글쓰기에 이제 막 관심을 갖기 시작했습니다.** 글쓰기 초보자에게 도움이 될 책을 추천해 줄 수 있나요?"

"K 알지? 너는 K가 **후배하고 함께 작업할 때** 장단점이 무엇이라고 생각해?"

구체적으로 질문해야 필요한 답을 들을 수 있다. 그러려면 먼저 **범주를 좁혀 세분화하고, 자신이 구하는 답변이 어디에 필요한지 맥락을 제시하자.** 이 두 가지 요소를 갖추지 않고 앞뒤 없이 묻는 "어때?"는 보따리 같은 질문이다. 받아든 쪽에서는 보따리 안에 무엇이 들었는지 열어보지 않고 알아맞혀야 한다. 질문을 받았는데 질문이 무엇인지 생각해야 하다니 공연한 수고가 아닌가. 불친절한 질문으로 상대가 괜한 수고하게 만들지 말고 구체적으로 묻자.

K 어때?
↳ 내가 아는 사람이 곧 K가 있는 팀에 합류할 거 같은데 K가 후배하고 함께 작업할 때 장단점이 무엇이라고 생각해?

지금까지 '옳은 방식으로 질문하는 여섯 가지 방법'을 소개했고 정리하면 다음과 같다.

첫 번째, 어린이의 호기심·궁금증을 차용한다.
두 번째, 의문사를 사용한다.
세 번째, 맥락을 파악한다.
네 번째, 핵심 어휘를 정립한다.
다섯 번째, 질문의 의도와 목적을 명확히 한다.
여섯 번째, 범주를 좁히고 맥락을 제시하며 구체적으로 질문한다.

사는 동안 누구나 한 번쯤은 할 수밖에 없는 의문이나 질문이 있다. 그중 몇 가지를 골라보았다. 같은 질문을 당신도 해보았을 것이다. 어쩌면 수없이. 이렇다 할 답을 찾지 못한 채 그저 타협했을 것이다. 거듭 강조하지만 잘못된 질문에는 맞는 답이 없다. 당신이 아직 답을 찾지 못했다면 옳은 방식으로 질문하지 않았기 때문이다.

이제 질문을 고쳐서 다시 해보자. [참고]에 적은 내용을 반영하면 보다 옳은 방식의 질문으로 만들 수 있을 것이다.

"나는 왜 인기가 없을까요?"
[참고] 무엇을 근거로 인기가 없다고 판단했나요?
ㄴ, _____

"회사에 계속 근무하기가 힘든데 어떻게 해야 할까요?"
[참고] 최근 당신에게 어떤 일이 있었나요? 회사뿐 아니라 당신의 몸과 마음에.
ㄴ, _____

"저 인간을 계속 보고 살아야 할까요?"
[참고] 당신이 저 인간을 더 이상 보고 싶지 않다면 무엇 때문인가요? 또 저 인간을 계속 봐야 한다면 무엇 때문인가요?
ㄴ, _____

"행복한 인생을 살려면 어떻게 해야 할까요?"
[참고] 당신이 생각하는 행복이란 무엇입니까?
ㄴ, _____

"아무리 노력해도 결과가 따르지 않는 것 같아요. 왜 그럴까요?"
[참고] 당신이 생각하는 노력치와 결과치의 기준은 무엇입니까? 어떤 노력을 얼마나 했고 어떤 결과가 나왔나요? 노력 대비 결과가 어느 정도여야 만족할 수 있나요?

ㄴ.
_____

"앞으로 뭘 하면서 살아야 할까요?"
[참고] 하고 싶은 일은 무엇이고, 할 수 있는 일은 무엇입니까? 그리고 할 수 없는 일은 무엇인가요?
ㄴ.
_____

"성공하려면 어떻게 해야 하나요?"
[참고] 당신이 생각하는 성공의 기준은 무엇입니까? 왜 성공하고 싶나요?
ㄴ.
_____

넓은 범주에서 뭉뚱그려 애매모호하게 질문할 때와 범주를 좁혀 구체적으로 질문할 때의 차이를 느끼는가. 전자의 질문이 그림자라면 당신이 완성한(혹은 완성할) 후자의 질문은 실체다. 그렇다고 전자의 질문이 잘못됐다는 의미는 아니다. 대부분의 질문이 그렇게 시작한다. **단지 아직 의문일 뿐이다. 그 지점에서 딱 멈춰버리면 답을 찾을 수 없다. 한 걸음 나아가 질문으로 만들어야 한다. 넓은 범주에서 작은 범주로, 애매모호함에서 구체성으로, 비현실에서 현실로, 그림자에서 실체로.**

그러기 위해서는 수없이 자문자답해야 한다. 이것이 곧 생각하는 능력이다. 그래서 **적중한 질문을 찾아내는 과정은 생각하는 과**

정이기도 하다. 이 과정에서 나은 답(지식, 정보)을 얻을 수 있고, 관점을 전환시킬 수 있고, 사고력을 키울 수 있고, 유대관계를 맺을 수 있고, 실수나 잘못을 예방하는 등 질문의 효능을 얻을 수 있다. 이 세상의 모든 좋은 것들이 그러하듯 질문의 효능 역시 답이 아닌 과정에서 주어진다. 물론 그 끝에 얻는 답은 눈부신 열매라 할 수 있겠다.

**생각을
넓히는**

질문법

데카르트의
질문법

우리는 매일 숨 쉬듯 선택이나 판단, 결정을 (해야) 한다. 그 무수한 선택·판단·결정의 결과가 대부분 흡족하다면 행복한 사람이다. 그리고 당연히 행복한 사람이기 전에 현명한 사람일 것이다.

잘 판단하여 참된 것과 거짓된 것을 구별하는 능력은 본디 양식 또는 이성이라 부르는 것으로서, 태어날 때부터 모든 사람이 똑같이 지니고 있다. 따라서 우리 의견이 저마다 다른 것은 우리 가운데 누군가가 이성을 더 많이 가졌기 때문이 아니라, 우리가 서로 다른 길을 따라 생각해가며, 또 생각하는 것이 똑같지 않기 때문이다. 왜냐하면 좋은 정신을 갖는다는 것만으로는 충분하지 않고, 중요한 것은 정신을 잘 사용하는 일이기 때문이다. 가장 큰 마음은 가장 큰 덕행을 베풀 수 있는 동시에 가장 큰 악행도 저지를 수 있으며, 천천히 걷는 사람이라도 언제나 곧은 길만 걷는다면 달리는 사람이 곧은 길에서 벗어날 때보다 훨씬 앞으로 나아갈 수 있다

_『방법서설』, 르네 데카르트 지음, 소두영 옮김, 동서문화사

데카르트는 모든 사람이 잘 판단하여 참된 것과 거짓된 것을 구별하는 능력을 가지고 있다고 했다. 관건은 가지고 있는 능력을 얼마나 잘 사용하느냐이다. 그 유명한 "나는 생각한다. 그러므로 존재한다"는 명언이 『방법서설』에 나온다. 고등학교 시절 교과서에서 처음 만났던 이 경구가 요즘 내게는 경고로 들린다. "생각하기를 거부하면 (아무리 돈과 권력을 산더미처럼 쌓아놓아도) 자기가 세상에 존재하지 않는 것처럼 느끼게 될 거야. 그러다가 존재하기를 포기하겠지"라고 말이다. 여기서 존재하기를 포기한다는 의미는 인간답게, 사람답게 존재하기를 포기하는 것이라 하겠다. 그러면 인류의 역사도 머잖아 끝날 것이다. **생각하기는 우리가 사람답게 존재하기 위한, 사람으로서 존재할 수 있는 첫 번째 조건이다.** 생각의 목적은 잘 판단하여 참된 것과 거짓된 것을 구별하는 것에 있

다. 데카르트는 타자의 도움을 빌리지 않고 스스로 할 수 있는 방법도 알려줬다.

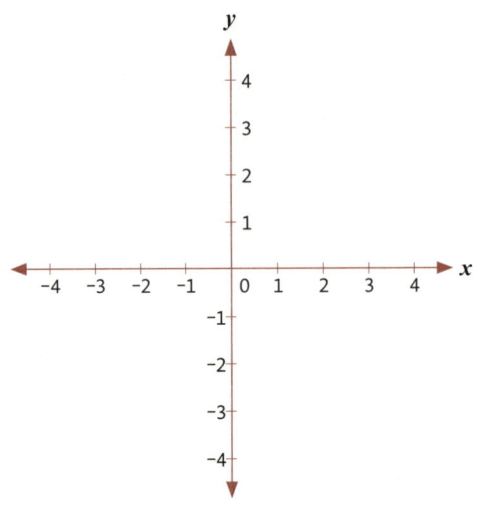

우리에게 익숙한 이 좌표계는 데카르트가 발명했다. 그는 물체의 위치와 속도를 좌표로 표시한 최초의 인간이었다. 수평방향을 X, 수직방향을 Y로 명명한 것도 그였다. 위치는 좌표평면 위의 점으로 나타내고 속도는 X축과 Y축의 변화량으로 표시했다. 위치와 속도의 변화량을 나타내는 운동방정식도 정립했다. 데카르트의 좌표계는 지금도 그래프와 컴퓨터 그래픽, 내비게이션, GPS 시스템에 활용되고 있는데 일설에 의하면 침대에 누워있다가 날아다니는 파리를 보고 영감을 얻었다고 한다. 이렇게만 말하면 뉴턴이 사과가 떨어지는 모습을 보고 중력을 발견했다는 소리나 비숫하게 들린다. 그러나 그럴 리가……. 아마도 날아다니는 파리를 보고 어떻게 하면 파리의 위치와 속도의 변화를 수학적으로 예측할 수 있을까, 하는 질문에서 시작되지 않을까.

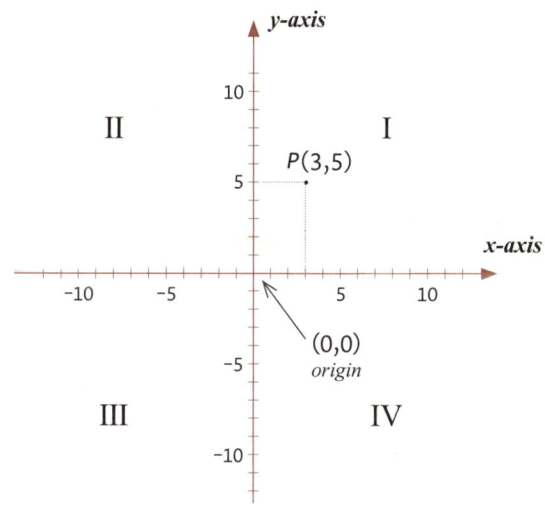

데카르트가 발명한 직교좌표계

데카르트는 수학자이자 철학자였다. 그는 다른 사람의 도움을 받지 않고 올바른 선택을 할 수 있도록 하는 질문을 발상했고 좌표를 기반으로 다음과 같이 만들었다.

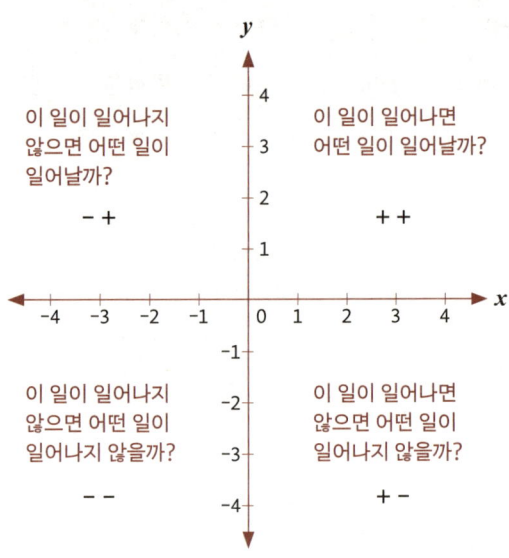

데카르트의 질문은 '이 일이 일어나면(일어나지 않으면)'과 '어떤 일이 일어날까(일어나지 않을까)'라는 두 개의 문장으로 이루어진 복문이다. 두 개의 문장이 제각각 부정이나 긍정으로 변화하는 것을 좌표에 대입해 '+', '-'로 표시했다. 이에 따라 오른쪽 상단, 1사분면부터 차례대로 출발하면 아래와 같다.

① 이 일이 일어나면 어떤 일이 일어날까?
② 이 일이 일어나지 않으면 어떤 일이 일어날까?
③ 이 일이 일어나지 않으면 어떤 일이 일어나지 않을까?
④ 이 일이 일어나면 어떤 일이 일어나지 않을까?

이루고 싶은 꿈이 있어서 현재 다니는 직장을 그만둬야 할지, 병행해야 할지 갈등하는 상황을 예로 들어보겠다.

① 직장을 그만두면 어떤 일이 일어날까?
② 직장을 그만두지 않으면 (병행하면) 어떤 일이 일어날까?
③ 직장을 그만두지 않으면 (병행하면) 어떤 일이 일어나지 않을까?
④ 직장을 그만두면 어떤 일이 일어나지 않을까?

이렇게만 놓고 보면 ②와 ③의 부정형 질문의 경우 내용이 헛갈린다. A4용지 한 장을 꺼내 데카르트의 좌표를 참고해 4분면을 그린 다음 질문을 기입하자.

각 질문에 대해 즉흥적으로 답하지 말고 충분히 생각하고 답을 기입한다. **데카르트의 질문은 어떤 상황이나 경우든 네 가지 다른 방식으로 추론할 수 있도록 유도한다.** (데카르트의 질문은 추론의 방식이기도 하다.) 이렇게 하면 한쪽 관점으로만 과도하게 생각하는 것을 방지하고 여러 관점에서 두루 살필 수 있다. 질문과 답으로 완성된 표를 바라보면 스스로의 모순이라든가 꼭 피하고 싶은 상황, 반대로 진심으로 원하는 상황이 보일 것이다. 데카르트 질문법은 범주를 좁혀 구체적으로 질문하는 좋은 방법이다.

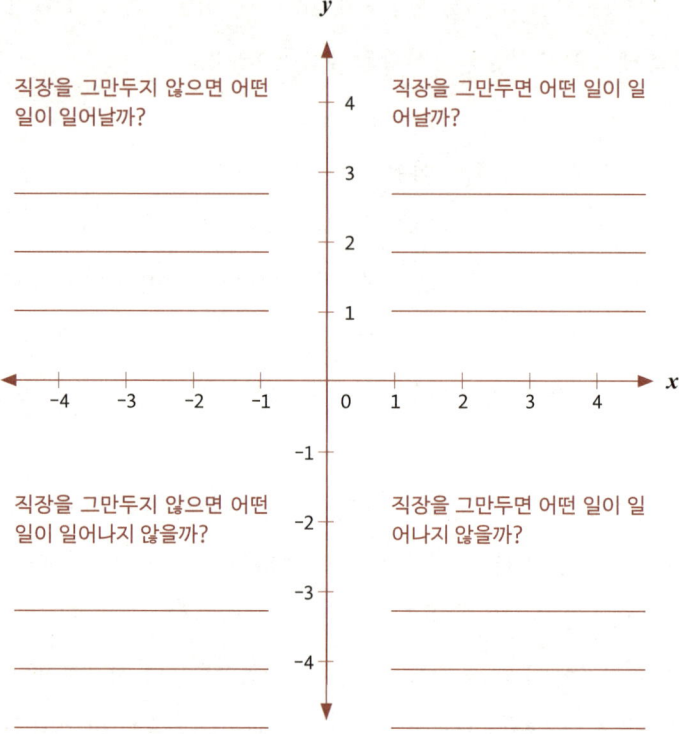

피터 드러커의 질문법

또 다른 유명한 질문법은 피터 드러커가 고안한 자가진단 프로세스, '피터 드러커의 질문'이다. 피터 드러커는 현대 경영학을 창시한 학자이자 전 세계 비즈니스맨의 멘토로서 조직의 지속가능한 성장을 위한 핵심 원칙을 질문 형태로 정리했다. 그는 컨설턴트로 일하던 시절, 경영자들에게 늘 질문의 중요성을 강조하면서 이렇게 말했다고 한다. **"심각한 오류는 잘못된 질문 때문에 생기는 것이 아니다. 정말로 위험한 것은 잘못된 질문을 던지는 것이다."** 피터 드러커는 다음 다섯 가지 질문에 답할 수 있다면 조직을 효과적으로 경영할 수 있다고 보았다.

① 미션 :　왜, 무엇을 위해 존재하는가?
② 고객 :　반드시 만족시켜야 할 대상은 누구인가?
③ 고객가치 : 그들은 무엇을 가치 있게 생각하는가?
④ 결과 :　어떤 결과가 필요하며, 그것은 무엇을 의미하는가?
⑤ 계획 :　앞으로 무엇을 어떻게 할 것인가?

앞의 질문을 기업이 아닌 개인에게 적용한다면 피터 드러커의 질문을 다음과 같이 활용할 수 있을 것이다.

① 미션 :　나는 왜, 무엇을 위해 존재하는가? 나의 소명은 무엇인가? 지금 하는 일은 그 소명에 부합한가?
② 고객 :　나는 누구를 만족시키고 싶은가? (나 자신이라고 답해도 무방하지만 만족시키고 싶은 사람을 떠올리는 것이 좋다.)

③ 고객가치 : 그들이 (혹은 내가) 추구하고 가치 있게 여기는 것은 무엇인가?

④ 결과 : 어떤 결과를 바라며 그 결과는 나에게 어떤 의미가 있는가?

⑤ 계획 : 그래서 앞으로 무엇을 어떻게 할 것인가?

AI 시대,

답보다
질문이
중요한 세상

나는 새로운 기술이나 기기에 거부감이 없는 편이지만 그렇다고 얼리어답터는 아니다. 예를 들어 1990년대 초, 국내에 노트북이 보급되자마자 원고지를 버리고 노트북을 구매해 작업했고 인터넷 상용서비스가 시작되자마자 집에서 매일 접속했지만 2000년대 초에 휴대전화, 2010년대 초에 스마트폰이나 카카오톡 등은 쓰지 않으려고 용을 썼다. 사회활동을 하다 보니 남들에게 불편을 끼치지 않기 위해 별 수 없이 사용해야 했고 얼마 지나지 않아 깨달았다. 사회가 겪는 기술의 변화를 개인이 피해갈 수 없다고, 선택의 문제가 아니라고. 그러면서도 동시에 부정하고 싶은 마음이 한편에 늘 남아 있었는데 나쓰메 소세키의 소설 『몽십야』에 나오는 이 대목이 20여 년 넘도록 내가 나와 벌인 논란에 종결을 지었다.

그 남자는 왜 큰 배의 승객이 되어 배를 타고 있는지, 자기가 어디로 가고 있는지를 모릅니다. 배는 배를 추월해서 지나가 앞쪽에서 지고 있는 태양의 뒤를 쫓아가겠다는 듯이 앞으로 나아갈 뿐입니다. 그래서 선장에게 행선지를 물어보았지만 대답을 해주지 않습니다. 배를 타고 있는 것은 대부분 외국인입니다. 남자는 불안하기도 하고 그대로 배에 타고 있는 것이 의미가 없다는 생각이 들어서 죽기로 결심하고 바다로 뛰어들기로 결심합니다. 그러나 발이 갑판에서 떨어지는 순간 '그냥 있었으면 좋았을 텐데'라고 생각합니다. 높은 갑판에서 바다에 이르기까지 슬로모션으로 오랜 시간이 걸리고, 그 사이에 남자는 어디로 가는지 모르는 배를 그냥 타고 있었던 편이 나았겠다는 생각을 합니다. 그리고 '끝없는 후회와 공포를 느끼며 검은 파도 속으로 조용히 떨어져' 갑니다. 이 이야기는 뭐가 뭔지도 모르는 채로 시대의 흐름에 말리는 것이 싫다고 해서 구시대에 매달리는 것이 더 바보 같은 짓이라고 말하고 있습니다.

_『몽십야』, 나쓰메 소세키 지음, 노재명 옮김, 하늘연못

나쓰메 소세키는 1867년에 태어나 1916년에 사망했다. 그가 태어나고 일 년 뒤 메이지 유신이 시작됐고 일본의 유럽화가 급물살을 탔다. 그는 1, 2차 산업혁명을 겪었고, 나는 3, 4차 산업혁

명을 겪었거나 겪고 있으며 이제 5차 산업혁명을 앞두고 있다. 백 년도 훨씬 전에 소세키가 느낀 혼란이나 내가 느끼는 혼란이나 전혀 다르지 않다.

위의 글에서 '큰 배'는 사회가 겪는 기술의 변화를 상징한다. '배를 타고 있는 대부분의 외국인들'은 이미 그 기술의 변화에 익숙하다. 나 혼자 낯설다. 선장이라는 사람에게 행선지를 물어도 대답하지 않기로는 그때나 지금이나 매한가지다. 몰라서 대답하지 않는 게, 아니 못 하는 게 아닐까 싶다. 기술의 발전이 사회의 향방을 어떻게 가를지 누구라고 확신할 수 있겠는가. 모두 막연한 예측일 뿐이다. 뭐가 뭔지 모르는 채로 시대의 흐름에 말리는 게 싫다. 인간으로서의 존엄과 주체성을 잃은 느낌이다. 차라리 이 큰 배에서 뛰어내리자. 비슷한 생각을 나도 자주 했다. 차라리 내가 이 매트릭스Matrix에서 벗어나버리면 그만 아닌가, 하고는.

그 결과는 우리가 역사를 통해 알고 있다. 멸망이고 죽음이다. 과장으로 들린다면 나 하나에서 국가와 기업으로 시야를 넓혀보자. 구한말의 역사를 되짚어보라. 그토록 찬란했다 소리 없이 스러진 숱한 기업들을 떠올려보라. 최소한 같이 실려 가기라도 해야 망하지 않는다. 여전히 아무도 이 배의 행선지가 어디인지 모른다. 가속도가 붙은 모양인지 배의 속도가 더욱 빨라지고 있다.

2022년 11월 오픈AI에서 챗GPT를 출시한 후 온 세상이 인공지능, 구체적으로 생성형 대규모 언어모델 인공지능의 발전상에 이목을 집중하고 있다. 스마트폰이 산업 생태계뿐 아니라 개인의 삶을 얼마나 급격히 변화시켰는지 절절하게 체험했기에 인공지능이 더하면 더했지 덜하지 않으리라는 정도는, 막연하게 예감한다. 사람은 본능적으로 사람이 아닌데 사람과 비슷한 존재를 두려워한다. 지금까지 귀신이었다면 앞으로 인공지능이 될지 모른다. 놀라운 속도로 혁신을 거듭하고 있는 인공지능을 기꺼이 반가워하지 못하는 배경이다.

챗GPT 출시 후 2년, 질문에 허위정보를 생산하는 환각현상이나 오류는 GPT-4 출시 이후 많이 개선되었고 GPT-4 Turbo, GPT-4o까지 성능을 높였으며 현재 개발중인 GPT-5는 실질적인 '인공일반지능AGI(인간 수준의 사고가 가능하여 주제에 구애받지 않고 성공적으로 문제를 해결할 수 있는 인공지능)'으로, 오픈AI의 대표이사 샘 올트먼에 따르면 GPT-4가 구식으로 느껴질 정도가 될 거라 한다.

기업에서는 '생산성을 증대하기 위해' 다양한 분야에 적극적으로 도입하고 있고, 테크 기업에서는 사활을 걸고 생성형 인공지능 서비스를 개발하고 있다. 이미 많은 직장인과 학생, 일반인들이 작업과 학습, 정보 얻기 등 다양한 분야에 이용하고 있다. 개인적으로는 지난여름 렌터카를 이용해 오스트리아-체코 지역을 보름 동안 여행하는 동선과 일정 등을 짜면서 챗GPT의 도움을 많이 받았다. 일일이 검색을 할 때보다 시간을 수십 분의 일로 대폭 줄일 수 있었고, 결과는 퍽 만족스러웠다.

본격적으로 작업에 이용한다기보다 평소에 이런저런 소소한 사안들을 다양한 방식으로 물어보며 어떻게 답할지 흥미롭게 감상하고 품평하고 있는데, 놀랍도록 흥미롭고 기대 이상이지만 한편으로 '새로움을 창조하는 능력'이라든가 '통찰력', '인간을 이해하는 정서' 등에서는 부족하다. 그래서 앞으로 "너, AI냐?", "무슨 글을 AI처럼 쓰냐?", "무슨 말을 AI처럼 하냐?", "무슨 생각을 AI처럼 하냐?" 등의 말이 일상에 자주 등장할 법하다.

그렇다 해도 지금까지의 발전 속도를 감안하면 이전의 인터넷이나 스마트폰, SNS 등과는 비교할 수 없을 정도로 무시무시한 괴력을 발휘하리라는 사실만큼은 분명해 보인다. 궁금하지만 감히 기대하고 설렌다는 말을 내놓고 할 수 없다. 이쯤에서 모두가 단합해 멈추게 하면 되지 않느냐는 순진한 믿음을 가진 이는 없기 바란다. 인류는 이미 큰 배에 올라탔다. 아무도 어디로 가는지 모르지만 아무도 이 큰 배를 멈추게 할 수 없다.

..
AI 시대
질문법

같은 검색 엔진이라도 어떤 사람은 원하는 정보를 빠르고 정확하게 찾아내고, 어떤 사람은 한참 걸리거나 못 찾는다. 이러한 차이가 생성형 인공지능에서는 더욱 커질 뿐 아니라 자칫 위험해질 수 있다. 어떤 사람은 필요한 정보를 정확하게 얻고, 어떤 사람은 필요한 정보를 사실과 다르게 혹은 사실이 아닌 내용으로 얻을 것이기 때문이다.

챗GPT는 검색엔진이나 기존의 챗봇과 달리 "잘 모르겠다"라거나 "원하는 답을 찾을 수 없다"라거나 "정보가 더 필요하다"는 등의 답변을 하지 않는다. 어떠한 질문에도 정보를 제공하게끔 학습했기 때문이다. ("답할 수 없다"고 거부의사를 밝히기는 한다.) 사람 입장에서는 "어? 얘가 거짓말을 하네?" 싶지만 챗GPT 입장에서는 거짓말이 아니다. GPT-3.5의 경우 질문을 받으면 트랜스포머 모델(문장 속 단어와 같은 순차 데이터 내의 관계를 추적해 맥락과 의미를 학습하는 신경망)로 학습한 5조 개의 방대한 문서, 1,750억 개의 매개변수(다양한 단어 중 다음에 나올 단어를 예측, 선택, 결정하는 대규모언어모델LLM을 돕는 것. GPT-4의 경우 1조 개다), 1만 개의 A100 GPU(1초에 312조 회의 연산을 처리하는 칩이 1만 개가 들어갔다는 뜻)를 바탕으로 질문의 맥락을 찾아내 가장 높은 확률로 맞춤한 답을 했을 뿐이므로.

이 과정에서 발생하는 멀쩡한 거짓말을 '환각현상'이라고 부른다. 2023년에 한국에서 챗GPT 사용자들 중 많은 이들이 '엉터리'라거나 '아직 멀었다'고 반응했던 배경이다. 모르면 차라리 모른다고 할 것이지 낯빛(?) 하나 바꾸지 않고 거짓말해서 어처구니없었다. GPT-5의 경우 무려 약 125조 개의 매개변수로 학습하고 있는 것으로 추정하고 있는데 매개변수가 높아질수록 환각현상은 현저하게 줄어들 것이다. 그러나 전문가들은 대규모언어모델의 특성상 완전히 사라지기 힘들 것으로 보고 있다. 즉 질문에 사실이 아닌 답이나 정보를 내놓을 위험이 늘 존재한다는 의미이다. 그 사실을 알아보느냐, 알아보지 못하느냐가 관건이다.

    사람은 살아있는 한 끊임없이 지식과 정보를 필요로 하며 생존에 유리한 지식과 정보를 주는 매개체와 끈끈한 관계를 맺는다. 관계와 정보야말로 인류가 멸종하지 않은 결정적 비결이다. 인류의 역사가 시작되고 불과 수십 년 전까지 사람이 매개체였고, 지난 수십 년간은 매스미디어였으며 현재는 유튜브이고 SNS이다. "아무개가 얼마나 존경받는 인물인데 설마 틀린 말을 하겠어?"라고 했고, "신문에서, 방송에서 설마 틀린 말을 하겠어?"라고 했으며 현재는 "구독자(팔로워)가 수십만인데 설마 틀린 말을 하겠어?"라고 한다. 이런 신뢰(?)가 앞으로 수년 안에 "인공지능이 설마 틀린 말을 하겠어?"라고 바뀔지 모른다.

    매개체가 사람이든 무엇이든 어디부터 어디까지 믿을 수 있는지 일절 비판하지 않고 의심조차 없다면 거짓과 오류, 허위가 판을 치는 데 비옥한 토양이 된다. 순식간에 잭의 콩나무처럼 뻗어 올라가 온 세상에 콩깍지 터지는 소리를 퍼트리며 심각한 경우 갈등을 부추겨 전쟁까지 일으킨다. 단언컨대 앞으로 더욱 헛갈리게 하는 틀린 말(글, 영상, 소리 등)이 비교할 수 없을 정도로 많아질 것이다. 누구나 말할 수 있고(쓸 수 있고), 너무나 많은 말과 글, 영상이 쏟아지고 있지만 아무도 심사하지 않고, 또한 일일이 심사할 수 없다. 무엇이 기준인지조차 날이 갈수록 흐려진다.

이 이야기를 인공지능에 적용해 보자. 거짓과 오류, 허위를 알아보는지 그렇지 못한지에 따라, 원하는 정보에 대한 콘텍스트와 리터러시를 갖췄는지 그렇지 못한지에 따라, 인공지능을 활용해 올바르고 유용한 지식과 정보를 취할 수 있는 범위나 수준이 크게 차이 날 것이다. 여기에서 나온 새로운 화두가 '이제는 답보다 질문이 중요하다'이다. '구체적으로 답하는 능력이 아니라 질문하는 능력이 중요하다'이다. 챗GPT를 비롯한 생성형 대규모언어모델 인공지능이 모든 질문에 답할 수 있기 때문이다. 어느 정도냐 하면 에릭 슈미트가 10년 후에는 암환자가 사라지는데 인공지능이 스스로 그 방법을 찾아낼 것이기 때문이라고 호언장담할 정도이다.

2023년 일론 머스크가 설립한 인공지능 스타트업 'x.AI'에서 개발한 생성형 인공지능 '그록'은 거의 모든 질문에 대답할 수 있고, 심지어 어떤 질문을 해야 하는지에 대한 제안까지 할 수 있다는 슬로건을 내세우고 있는데 모든 인공지능의 궁극적 지향점일 것이다. 이것이 사실이라면 **인류에게 두 가지 숙제가 주어진다.** "**(문제를 해결하기 위해) 무엇을 어떻게 질문할 것인가?**", "**인공지능이 내놓는 대답이 올바른지 판단할 수 있느냐**"이다. 아이러니하게도 이 두 가지는 지난 수천 년에 걸쳐 인류가 쌓아올린 인문학과 상통한다.

2023년 한국은행의 분석에 따르면 한국 전체 일자리 가운데 12퍼센트인 341만 개가 인공지능 기술로 대체될 수 있으며 특히 의료전문가, 금융보험전문가, 법률전문가 등 고학력 고소득 직종이 대체 가능성이 높다고 한다. '대체될 수 있다'는 '고용하지 않는 다'는 말과 차원이 다르다. 기존의 직업이 아예 사라질 가능성을 시사한다.

인간을 위한다는 인공지능에게 인간의 일자리를 빼앗길 거라는 소문이 무성한 가운데 유망하다고 꼽히는 새로운 직종이 있다. '프롬프트 엔지니어링'이다. 프롬프트란 사전적으로 '시스템이 다음 명령이나 메시지, 또는 다른 사용자의 행동을 받아들일 준비가 되었음을 알려주는 메시지'라는 뜻으로 DOS나 윈도우에도 있던 개념이며 '프롬프트 엔지니어링'은 인공지능이 역량을 발휘하도록 적합하게 지시어를 내리는 작업이다. 챗GPT를 비롯한 생성형 인공지능은 자연어로 학습하기 때문에 사람과 대화하는 것처럼 쓰거나 말하면 그것이 곧 프롬프트가 된다. 코딩을 몰라도 누구나 쉽게 접근할 수 있다.

그런데 말이라는 게 '아' 다르고 '어' 다르다고, 같은 목적이라도 프롬프트를 어떻게 작성하느냐에 따라 다른 결과물이 나올 수 있다. 이에 따라 프롬프트를 작성하는 방식이 앞에서 언급한 '옳은 방식으로 질문하는 법'과 무관하지 않다. 또한 프롬프트를 질문이라든가, 명령, 지시 등으로 옮기기도 하지만 챗GPT가 그 이름처럼 '대화형'이라는 점에 주목하자. 앞서 소개한 '옳은 방식으로 질문하는 여섯 가지 방법'을 프롬프트 작성에 응용해 보겠다. 앞서와 다르게 역순이며 '어린이의 호기심·궁금증을 차용한다'는 생략하고 다섯 가지를 소개한다.

① 범주를 좁히고 맥락을 제시하며 구체적으로 작성하자.
　ㄴ 여러 질문을 한 문장에 섞지 말고 한 번에 한 개씩 질문하는 방식으로 원하는 응답이 나올 때까지 추가적으로 질문하자. 어떤 맥락을 가진 질문인지 질문자의 상황이나 환경 등의 추가정보를 제시하면 더 좋다.

② 질문의 의도와 목적을 명확히 하자.
　ㄴ 프롬프트를 통해 기대하는 응답이 무엇인지 의도와 목적을 명확히 한 뒤 결과 값이 포함된 역할을 인공지능에게 부여한다. 예를 들어 "너는 한국문학 평론가야" 하는 식으로. 반대로 질문 값이 포함된 프롬프트를 작성해도 좋다. 예를 들어 "중학교 2학년이 이해할 수 있도록 설명해줘" 하는 식으로.

③ 핵심 어휘를 정립하자.
　ㄴ 알고 싶은 내용과 관련한 어휘를 선택한 다음 관련 유의어를 검색해 최대한 정확한 어휘를 기입하자. 핵심 어휘를 넣은 문장의 맥락이 어색하지 않은지 확인하자.

④ 상대가 하는 말의 맥락을 파악하자.
　↳ 인공지능이 내놓은 응답의 맥락을 파악하고 관련해 추가 질문을 하거나 수정을 요청하자. 응답이 원하는 내용과 다르다면 맥락을 조정해 다음 프롬프트를 작성하자.

⑤ 의문사를 사용하자.
　↳ 인공지능이 내놓은 응답이 오류나 환각 등 의심스럽다면 출처 등을 비롯해 언제, 어디서, 누가, 무엇을, 어떻게 등의 의문사를 담아 사실 확인을 위한 추가 요청을 하자. 또한 최상의 결과물을 얻기 위해 어떤 프롬프트를 입력해야 할지 모르겠다면 '어떻게' 해야 하냐고 직접 조언을 구하자.

평소에도 올바른 방식으로 질문을 해왔다면 아무래도 프롬프트 작성에 유리할 것이다. 올바른 방식으로 질문해야 원하는 답을 얻을 수 있는 것과 마찬가지로 뛰어난 결과 값을 얻고 싶다면 프롬프트가 뛰어나야 한다. 기발하고 참신한 결과 값을 얻고 싶다면 프롬프트가 기발하고 참신해야 한다. **기본적으로 적확한 어휘를 선택하고 구체적인 맥락으로 짜임새를 만들어 발화하는 능력이 필요하다.**

동시에 인공지능이 내놓은 응답의 맥락을 파악하고 평가·판단해서 수정·보완할 수 있어야 한다. 경우에 따라 그를 바탕으로 프롬프트를 이어나갈 수 있어야 한다. 어떤 의미에서 인공지능 시대에 질문력, 어휘력, 문해력(리터러시)은 더욱 필요하고 주요한 자질일지 모른다. 심지어 정확한 맞춤법까지도 중요하다. 사람은 '아버지 가방에 들어가신다'가 띄어쓰기 잘못인 줄 알아도 인공지능은 (아직) 식별하지 못한다. 또 당연하게도 인공지능에게는 감정이 없고, 테스 형처럼 사람에게 질문하지 않는다. 동시에 설득당하지 않는다. (그러니 인공지능과 설전을 벌이는 일은 무의미하다.) 이러한 이유로 인공지능 시대에는 N개 국어를 적당히 구사하는 것보다 1개 국어를 수준 높게 구사하는 능력이 더 유리하다고 한다.

사람들은 더욱 심하게 건망증에 걸릴 것이고, '지혜'와 점점 더 멀어질 것이다. 그렇다 해도 우리 모두는 큰 배에서 뛰어내릴 수 없다. 이것은 둘 중 하나를 선택하는 문제가 아니라 어떻게 해야 지혜롭게 공존할 수 있느냐에 대한 문제이다.

. .

질문을 통해 알게 된
인공지능의 정체성

내가 AI와 나눈 대화를 일부 소개한다.

입력

로봇이라는 단어를 제일 처음 쓴 사람이 누구야?

결과 값

'로봇'이라는 단어는 체코슬로바키아의 작가 카렐 차페크^{Karel Čapek}가 그의 1920년 작품인 희곡 「R.U.R.」에서 처음 사용했습니다. 「R.U.R.」은 인공적인 인간, 즉 로봇이 등장하는 이야기를 다루고 있으며, 이 작품은 로봇이라는 개념을 대중에게 널리 알리는 데 중요한 역할을 했습니다.

입력

카렐 차페크의 희곡 「로봇」이 줄거리를 요약해 줘.

결과 값

카렐 차페크의 희곡 「R.U.R.(Rossum's Universal Robots)」은 1920년에 발표된 작품으로, 로봇과 인류의 관계를 탐구하는 선구적인 과학 소설입니다.

이 이야기는 한 섬에서 로봇을 대량 생산하는 공장이 있는 미래의 세계를 배경으로 합니다. 로봇은 인간의 노동을 대체하기 위해 만들어지며, 처음에는 인간을 돕고 수동적인 역할을 하지만 점차 자각을 가지게 됩니다. 로봇들은 감정이 없고 단순한 기계로 시작하지만, 그들 자신이 어떻게 만들어졌는지를 이해하게 되고, 인간에 대한 반감을 품게 됩니다.

희곡은 로봇이 인간을 반란하고 지배하게 되는 과정을 그리며, 결국 로봇들이 인류를 멸망에 이르게 하고 자신들만의 사회를 건설하게 됩니다. 이 작품은 기술 발전과 인간성의 상실, 그리고 노동자의 권리와 존재의 의미에 대한 깊은 질문을 제기하며, 현대에도 여전히 중요한 주제를 다루고 있습니다.

「R.U.R.」은 로봇이라는 용어를 처음 사용한 작품으로, 로봇과 인공지능에 대한 논의를 이끌어낸 중요한 문학적 기초가 되는 작품입니다.

입력

「로봇」에 등장하는 로봇의 이미지를 형상화하면 어떤 모습일까?

결과 값

카렐 차페크의 희곡 「R.U.R.」에 등장하는 로봇들은 인공지능을 가진 기계적 존재로, 인간처럼 보이도록 설계된 존재들입니다. 이 로봇들은 일반적으로 금속이나 합금으로 만들어졌으며, 인간의 노동력을 대체하기 위해 생산되었습니다.

로봇들은 감정을 느끼지 못하고, 명령에 따라 행동하는 것이 특징입니다. 이들은 보통 정돈된 외모와 간결한 디자인을 가지며, 사람과 유사한 형태를 띠지만 차가운 메커니즘으로 구성되어 있습니다. 차페크의 로봇들은 인간의 감정이나 자아를 결여하고 있지만, 그들의 존재는 인간성과 기계의 경계에 대한 철학적 질문을 던집니다. 이와 같은 특성을 바탕으로, 차페크의 로봇 이미지를 떠올려보실 수 있을 것 같습니다.

입력

카렐 차페크의 희곡 「로봇」을 21세기 한국 서울을 배경으로 개작해 줘.

결과 값

카렐 차페크의 희곡 「로봇」을 21세기 한국 서울을 배경으로 개작해 보겠습니다. 원작의 주요 테마인 인공지능, 인간성과 기술의 관계를 현대적인 요소와 함께 담아 보겠습니다.

- 제목 : 「서울의 로봇」

- 장소 : 서울, 미래형 스마트 도시

- 인물

이준호 - 젊은 개발자, 인공지능 로봇 회사 근무

서민지 - 로봇 윤리를 연구하는 대학 교수

김대리 - 회사의 CEO, 비즈니스 중심적 사고

로봇 '루나' - 인간과 유사한 감정을 가진 인공지능 로봇

여러 테크노그래퍼 - 기술 관련 직업군

- 1막 : 스마트공장

(무대는 첨단 기술로 가득한 스마트공장으로, 로봇들이 가동 중이다. 이준호가 로봇 루나를 개발하는 신으로 시작된다.)

이준호 : (루나를 바라보며) 너는 단순한 기계가 아니야, 루나. 너는 사람의 감정을 이해하고, 공감할 수 있는 존재야.

루나 : (미소를 지으며) 그렇다면, 이준호 씨의 감정을 이해할 수 있을까요?

이준호 : (잠시 고민) 그건… 아마도 시간이 필요할 거야.

(무대 뒤편에서 김대리가 들어온다.)

김대리 : (흥미롭게) 이준호, 그 루나라는 로봇이 회사의 미래를 결정지을 수 있어. 빨리 시장에 내놓아야 해!

이준호 : (걱정스레) 하지만 윤리적 문제가….

김대리 : (제지하며) 그런 건 필요 없어. 우리는 이익을 추구해야 하거든!

• 2막 : 학회 세미나 ─────────────────

(장면은 대학 세미나로 바뀌고, 서민지가 로봇 윤리에 대해 발표한다.)

서민지 : (청중에게) 우리는 지금 로봇과의 관계에 대해 심각하게 고민해야 합니다. 로봇은 비록 기계이지만, 그들에게 주어진 감정은 인간 사회에 큰 영향을 끼칠 수 있습니다.

(청중 속에서 여럿이 의견을 주고받는다.)

청중1 : 그럼 로봇도 인권을 가져야 한다는 건가요?

청중2 : 기술이 인간을 초월할 가능성에 대해서는 어떻게 생각하나요?

서민지 : (단호하게) 우리는 기술을 통제해야 합니다. 그렇지 않으

면 인간성을 잃을 위험이 있습니다.

- 3막 : 갈등의 시작 ─────────────

(이준호가 다시 루나와 대화하는 장면. 이준호의 고민이 깊어진다.)

이준호 : 루나, 너와 나는 달라. 너는 나를 이해할 수 있지만, 나는 너를 진정으로 알 수는 없어.

루나 : (유려하게) 이준호 씨, 당신은 저에게 감정을 주었고, 저도 당신을 위해 존재하고 싶습니다.

(김대리가 방해하며 불만을 토로한나.)

김대리 : (거칠게) 로봇이 감정을 가지고 있다니? 그것은 시장에서 큰 문제가 될 수 있습니다!

이준호 : (결심하며) 로봇에게도 권리가 있어야 한다고 생각해요. 우리는 그들을 도구로만 바라봐서는 안 됩니다.

- 4막 : 새로운 시작 ─────────────

(이준호가 서민지와 루나의 권리와 윤리에 대해 논의하는 장면.)

이준호 : 이제 우리는 루나와 같은 존재들에게도 목소리를 줄 수 있어야 합니다. 그들은 우리와 함께 공존할 수 있습니다.

서민지 : (고개를 끄덕이며) 맞아요. 우리의 선택이 미래를 바꿀 것입니다. 기술과 인간, 서로를 존중하는 관계를 만들어갑시다.

(무대는 서서히 밝아지며, 이준호와 서민지가 함께 새로운 방향으로 나아

가는 모습이 비친다.)

• 엔딩 : 미래를 향한 약속 ─────────────

(루나가 이준호에게 다가가며 마지막 대사를 하며 막을 내린다.)
루나 :　(진지하게) 저는 당신과 함께 인간의 꿈을 실현할 수 있기
　　　　를 바랍니다, 이준호 씨.
(모두가 함께 단단히 손을 맞잡으며, 서울의 꿈꾸는 미래를 향해 나아가는 장면에서 막이 내린다.)

이 개작된 희곡은 인간과 로봇 간의 관계를 탐구하며, 사회적 윤리와 기술 진보에 대한 질문을 던지며 끝납니다. 21세기 서울의 현실적인 배경을 통해 원작의 주제와 현대적 감각을 잘 연결하려 했습니다.

이상의 대화를 나눈 나의 소감은 이러하다.
카렐 차페크의 희곡 「R.U.R.(로숨의 유니버설 로봇)」을 이미 읽었고 둘러싼 콘텍스트를 알고 있는 상황에서 작성한 프롬프트였다. 정확한 응답과 간결한 요약, 매끄러운 문장에 감탄했다. 그리고 경악했다.
앞서의 대화를 주의 깊게 읽었다면 발견했을 것이다. '카렐 차페크의 희곡 「로봇」을 21세기 한국 서울을 배경으로 개작해 줘'라고 시대와 공간의 변경 값만 입력했을 뿐 줄거리에 관해 따로 요청

하지 않았는데 AI는 제 마음대로(?) 줄거리와 엔딩을 완전히 바꾸었다. 앞서 줄거리를 요약해달라고 했을 때 "희곡은 로봇이 인간을 반란하고 지배하게 되는 과정을 그리며, 결국 로봇들이 인류를 멸망에 이르게 하고 자신들만의 사회를 건설하게 됩니다"라고 해놓고 개작한 희곡의 엔딩에서는 젊은 개발자인 이준호와 로봇 윤리를 연구하는 대학교수 서민지, 인간과 유사한 감정을 가진 인공지능 로봇 루나(이름도 어쩌면 이렇게 지었는지)가 모두 함께 단단히 손을 맞잡고 꿈꾸는 미래를 향해 나아가는 장면으로 막을 내린다.

이 소소한 한 편의 희곡을 완성하는 데 내가 따로 요청한 조건 값은 아무것도 없다. 경악한 점은 첫째, 원작에서 감정이나 자아가 결여된 로봇이 개작에서는 버젓이 인간과 유사한 감정을 가진 인공지능으로 바뀌었다는 점(과연 인류는 로봇이 인간과 유사한 감정을 갖기를 바라는가?), 둘째, 로봇이 인간적인 감정을 가졌다면 권리를 주어야 하며 도구로 바라봐선 안 된다고 주체적으로 주장한 점이다. 옳고 그름을 떠나 인공지능이 이렇게 응답하니까 슬쩍 섬찟했다. 개작한 희곡을 두고 다시 요청할 수도 있었다. "원작과 비슷한 맥락으로 비극으로 끝이 나게 수정해 줘", 더 구체적으로는 "원작에 기반해 인간과 유사한 감정을 가진 AI들이 인류를 멸망시키는 과정을 포함시켜 줘"라고 말이다. 하지 않았다. 너무 잘 쓸까 봐서? 천만에. 내 프롬프트가 그럴듯한 이유로 거부당할까 봐서. 그게 더 무서워서. (혹시 나 대신 도전해볼 사람이 있나요?)

3장

내 삶과 세상을 바꾸는 질문법

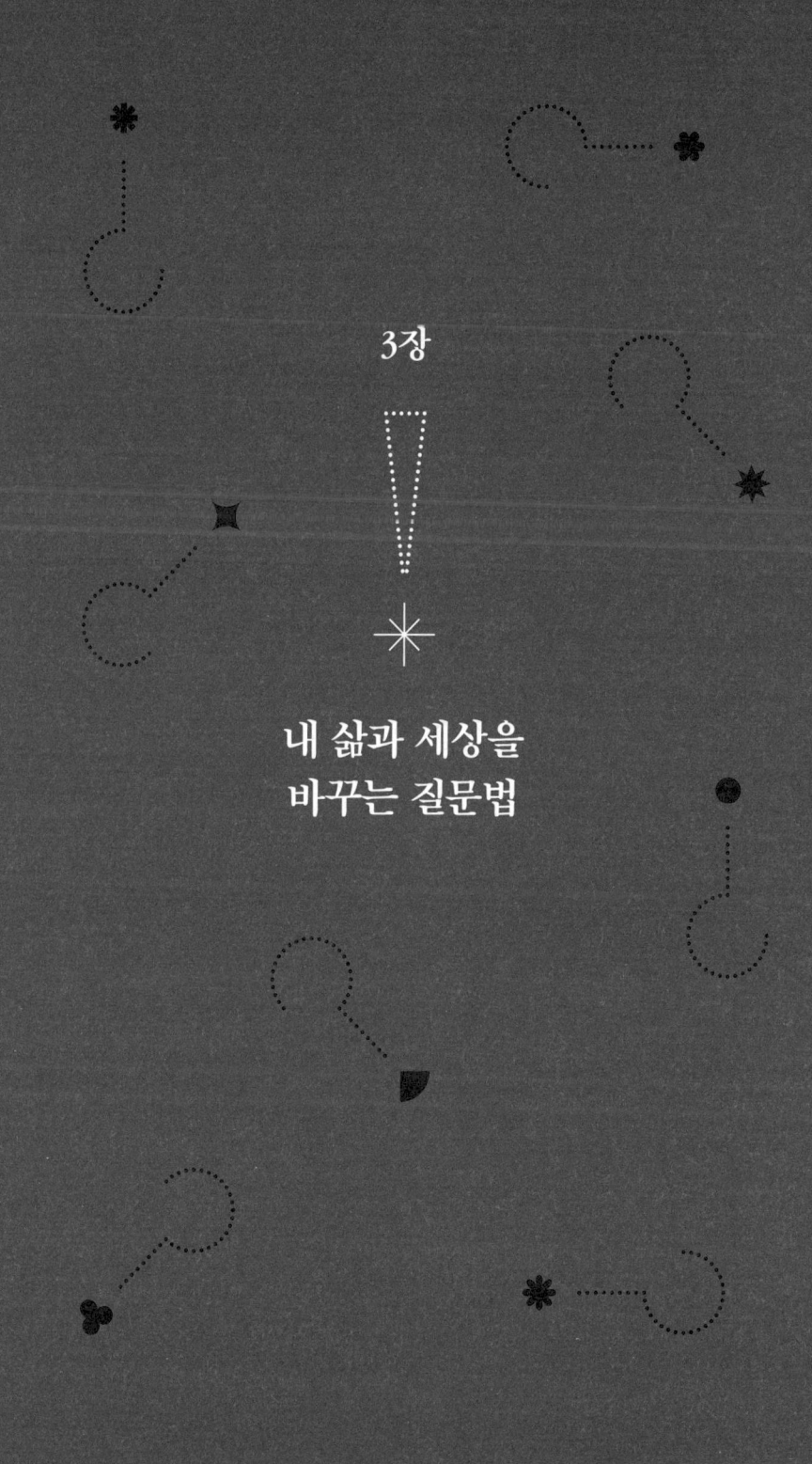

답을 묻지 말고 '어떻게' 답을 구할 수 있는지 물어라

앞서 '질문이 답보다 중요하다'고 했는데 문장만 놓고 보면 모순이다. 답을 구하기 위해 묻는 것이 질문인데 답이 중요하지 않다면 질문할 필요성을 느끼지 못해 질문하지 않을 것이기 때문이다. 질문하도록 동기를 부여하는 것은 역시나 답의 필요성이다. 답이 절실할수록 집요하게 캐물을 것이다. 그리하여 얻은 답을 통해 삶이 긍정적으로 변화하는 경험을 한다면 '질문이 답보다 중요하다'는 정언이 진실로 어떠한 의미인지 깨달을 것이다. **삶을 바꾸어놓는 것은 답이 아니라 답을 '구하는' 태도에 있다.** 그리하여 다시금 '질문이 답보다 중요하다'는 모순이되 옳은 말이다. 또한 옳은 질문이란 오로지 '답이 무엇이냐?'를 알아내는 목적만 갖지 않고 '답을 어떻게 (어떤 방법으로) 구하느냐'에 대한 의도를 반드시 품어야 한다는 뜻도 된다.

우리나라는 지난 반백 년간 오로지 '답'을 최우선시하고 가장 빠르고 효율적으로 얻어내는 것에 모든 방식을 끼워 맞춰 총공을 펼침으로써 경제성장이라는 달콤한 열매를 얻었다. 그리고 국민 개개인의 삶의 방식에 짙게 배어버렸다. '모로 가도 서울만 가면 되지'라든가 '대를 위해 소를 희생한다'는 식의 사고가 대표적이다. 그런데 내가 종종 목격하는, 희한한 사실은 그다지 달콤한 열매의 수혜자인 것 같지 않은 사람들까지 그러한 사고방식을 가졌다는 점이다. 물론 주관적인 판단일 뿐 본인들은 달콤한 열매의 수혜자라고 자부할 수도 있겠다. 아무튼, 한국인이라면 거의 예외 없이 합리적이고 효율적이라는 명분으로 답을 최우선시하는 DNA를 소지하고 있을 가능성이 매우 높으니 **의식적으로 '답이 무엇이냐?'를 알아내는 목적만 갖지 않고 '답을 어떻게 (어떤 방법으로) 구하느냐'에 대한 의도를 품어야 한다.**

예를 들어 보겠다. 모든 인간이 한 번쯤 하는 질문이 있다. "행복하게 살려면 무엇이 필요한가?" 이에 대한 논의는 수천 년 동안 이어졌고 웬만큼 답이 나왔으니 굳이 이 자리에서까지 열거할 필요는 없다고 본다. 보통 사람이 이 질문을 할 때의 의도는 행복하게 살기 위해 무엇이 필요한지 답을 알려주면 그대로 실행하기 위해 노력하겠다, 일 것이다. 이것이 앞서 쓴, 오로지 '답'을 최우선시하고 가장 빠르고 효율적으로 얻어내는 것에 방식을 끼워 맞추는 회로이다. 이 과정에서 정작 중요한 것을 묻지 않았다.

Q 행복이 무엇일까?
　　└ _____

써야 할 답은 수천 년간 인류가 축적해온 행복 말고, 남들이 말하는 행복 말고, 자신이 생각하는 행복이다. 이러한 자체 점검 없이 답을 구하는 질문은 인생의 주도권을 남에게 내주는 행위와 다름없다. 나는 십여 년 전까지만 해도 행복이 아이돌의 후크송 같다고 여겼다. 딱히 의미는 없지만 듣기 좋으라고 널리 퍼지라고 만든 소리라고. 이것이 과연 옳은 태도였을까.

그때 내가 생각한 행복의 기준은 감각적 쾌락이었다. 쉽게 말하면 '배부르고 등 따숩고 사랑하는 사람과 함께 매일 웃으면서 즐겁게'라고 할 수 있겠다. 그런 것이 행복이라면 한 번뿐인 내 삶이 허망할 것만 같았다. 그런 거 말고 확실한 거 뭐라도 붙들고 싶었다. 그래서 붙든 게 '소명'이었다. 삶의 목적은 행복이 아니라 소명이라는 믿음이 내가 쉽게 생을 포기하지 않도록 지금까지 붙들고 있으니 그것이 참이든 거짓이든 소명은 나에게 소명을 다했다. 그러다 '삶의 목적은 행복이다. 누가 뭐라 해도 행복이다'라고 확신한 결정적인 계기가 있었다. 바로 '행복이 무엇일까?'에 대해 명확히 답변할 수 있게 되면서였다. 바로 '평안'이었다.

Q 행복이 무엇일까?
ㄴ 평안이다.

Q 평안은 무엇일까?
ㄴ 걱정이나 탈이 없고 무사히 잘 있다고 느끼는 것이다.

이 글을 읽는 이들 중 평안이 행복이라는, 내 가슴속 영혼의 아이가 하는 말에 얼마나 고개를 끄덕일지 모르겠다. 그러나 애초에 타자의 동의가 필요한 깨달음이 아니다. 질문은 계속 이어진다.

Q 평안하려면 어떻게 해야 할까?
ㄴ 내가 나로서 살아가고, 할 수 있는 것을 하고, 할 수 없는 것은 바라지 않는다.

Q 그렇게 하지 못한다면 불행할까?
ㄴ 평안에서 완벽히 반대인 수심이 된다. 마음이 수심으로 가득차면 마음이 요동친다. 격랑이 이는 바다는 위험하다.

Q 살다 보면 어쩔 수 없이 그런 상태가 되고 말 때가 있다. 어떻게 해야 하는가?
ㄴ 피하지 마라. 실체를 직면하라. 용감하라. 담대하라. 가

숲속 영혼의 아이가 가진 힘을 믿으라. 괴로움을 소멸시킬 수 있는 힘이 이미 네 안에 있다. 너는 지금 그 힘을 발휘하는 기술을 터득하는 중이다. 기술을 터득하면 같은 괴로움을 두 번 다시 겪지 않을 것이다. 정 힘들다면 네 몸과 영혼을 잠시 잠재워도 좋다.

그리하여 나는 평안해졌다, 고 말하면 거짓말이고 이전에 비해 많은 날을 평안하게 보낸다고 하는 것이 정직하다. 그래도 이것만은 확신히 안다. 내가 누리는 평안은 남들이 뭐라든, 나를 둘러싼 환경이 어떻게 변하든, 외부조건에 흔들리지 않는다. 나를 흔들 수 있는 것은 오로지 나 자신뿐이다.

이처럼 스스로에게 하는 질문은 자기 주도적인 삶을 살 수 있도록 이끈다. '행복이 무엇일까?'라는 질문에 남들이 내놓은 답만 쳐다보았다면, '행복은 평안이다'라는 답에서 멈췄다면 얻지 못했을 것이다. 이것이 '답이 무엇이냐?'를 알아내는 목적만 갖지 않고 '답을 어떻게 (어떤 방법으로) 구하느냐'에 대한 의도를 품고 질문하는 하나의 사례이다. 참고로 앞서의 문답은 거의 십여 년에 걸쳐 내가 나에게 묻고 사고하고 수용해서 답한 것들을 요약한 것이다.

상황이 바뀌면
답도 바뀐다는

사실을
인지하라

나의 지난 40년, 달과 관련한 인식이다.

- 10세
  이 놀이는 둘이서만 할 수 있다. 둘이 마주 앉는다. 우선 손을 마주잡고는 가볍게 흔들며 시작한다. "쎄쎄쎄~" 그리고는 이 동요에 맞춰 네 개의 손바닥이 공중에서 현란하게 마주친다. "푸른 하늘 은하수 하얀 쪽배엔 계수나무 한 나무 토끼 한 마리 돛대도 아니 달고 삿대도 없이 가기도 잘도 간다(〈반달〉, 윤극영 작사 작곡)." 백 번도 넘게 부른 것 같은데 무슨 뜻인지 알지 못했다. 달에 토끼가 산다는 것은 믿지 않았지만 (아폴로 11호가 달

착륙에 성공한 뒤에 태어났다) 토끼가 한 마리만 살고 있다니 얼마나 외로울까 하는 생각은 했다. 이때부터 늘 토끼에 대한 궁금증을 가지고 있었다. 하필이면 왜 토끼일까, 하면서.

- 20세

장 그르니에의 『섬』이라는 책을 읽었다. 이 구절이 은은하게 충격적이었다. "달은 우리에게 늘 똑같은 한쪽밖에는 보이는 법이 없다고 한다. 흔히들 짐작하는 것보다는 수가 많은 어떤 사람들의 삶 또한 그리하다. 우리는 그들 삶의 가려진 쪽에 대해서는 다만 추리적으로밖에 알지 못하는데 정작 단 하나 중요한 것은 그쪽이다." 한 달 내내 모습이 바뀌는 달인데 저게 늘 똑같은 한쪽 면이라고? 정말이야? 몰랐잖아! 충격적이고도 신선하네. 그나저나 과학적 지식을 이토록 낭만적으로 에세이에 접목할 수 있구나. 많은 사람들의 삶 또한 그러하다고 말이지.

- 30세

뉴욕 현대미술관^{MOMA}에서 빈센트 반 고흐의 〈별이 빛나는 밤$^{Starry\ Night}$〉을 감상했다. 이 그림에서 모티브를 얻어 만들었다는 팝송 돈 맥클린의 〈빈센트^{Vincent}〉도 함께 들었다. 돈 맥클린이 "Starry Starry~" 하고 부르는 소절의 멜로디는 고흐의 별들이 소용돌이치는 모양과 묘하게 어우러져 나를 그 공간 속으로 둥실 옮겨놓는다. 화보에서만 보다가 실제로 보고……, 이상한

점이 눈에 들어왔다. 오른쪽 상단에 떠있는 저 달은, 보름달이야? 초승달이야? 아니면 별을 소용돌이치듯 그리다 보니 달무리도 과장해서 그린 거야?

• 40세

파블로 네루다의 「행성」이라는 시를 읽었다. '달에는 물로 만든 돌이 있을까. 거기엔 금으로 만든 물이 있을까.' 읽자마자 머릿속에서 열 개쯤 되는 교회 종이 일제히 뎅그렁뎅그렁 울려댔다. 달빛을 표현한 문학작품의 구절들을 웬만큼 알고 있다. 이런 기가 막힌 발상의 전환은 처음이었다. 무엇보다 이 시는 달의 일부가 현무암으로 이루어져 있으며 그 부분을 달의 바다라고 부른다는, 달에 대한 지식 없이 나올 수 없다. 이전 시대에 살았던 단테나 페트라르카, 셰익스피어, 이태백은 결코 쓸 수 없는 구절인 것이다. 달은 예나 지금이나 변함이 없다. 그러나 그에 대한 이야기는 완전히 다르게 변화했다. 말을 바꾸어보겠다. 달은 존재 자체로 질문이다. 인류가 기꺼이 답했다. 문학과 음악, 미술을 비롯한 예술로서뿐 아니라 과학과 과학적 추론 등으로. 답은 시대별로 큰 변화가 있었다.

"달에 누가(무엇이) 살고 있을까?"라는 질문은 수천 년 반복됐다. 답을 알아낼 수 없으므로 상상으로 답했다. 가장 유명한 답은 1969년 7월 16일 아폴로 11호가 인류 최초로 우주 발사 직전, 선장 에드윈 버즈 올드린과 미국항공우주국NASA 기지국이 나눈 교신에도 위트 있게 등장한다.

NASA 기지국 : 남편한테 불사약을 훔쳐 달로 달아난 항아와 계수나무[2] 아래 서있는 토끼를 잘 찾아봐.
버즈 : 잘 찾아볼게.

---

2 기지국에서 계수나무를 영어로 옮기면서 'Cinnamon Tree(계피나무)'라고 했는데 계수나무 계(桂)자를 잘못 통역한 사례이다.

영웅 예가 여신 서왕모한테 받아온 불사약을 아내인 항아가 혼자 다 먹어버리고 달(월궁)로 달아나 신선이 되었다는 이야기는 중국 도교에, 계수나무 아래에서 절구로 불로초를 빻는 토끼 이야기는 중국 설화에 등장한다. 이중 토끼 이야기가 한국과 일본으로 전해지면서 약간 달라지는데 한국에서는 토끼가 빻는 게 불로초가 아니라 떡이다. 언젠가 '보름달 안에서 토끼가 방아로 찧고 있는 것은 무엇일까?'라는 문제가 출제됐고 보기로 1번 떡, 2번 약, 3번 깨가 있었으며 정답은 2번 약이었다, 고 하는데 정답이 틀렸다. 중국에서는 약이 맞지만 한국에서는 떡이 맞다. 또 중국과 한국에서는 계수나무 아래지만 일본에서는 계수나무가 생략되고 토끼가 굶주림으로 쓰러져가는 노인(제석천의 화신)을 위해 자기 몸을 공양하느라 불을 피워서 피어오르는 연기로 표현하면서 인신공양을 한 토끼를 기려 '옥토끼'라 칭한다.

그런데 왜 항아보다 토끼가 더 유명해졌을까. 우리 선조들이 보기에도 지금은 '달의 바다'라고 명칭하는 부분이 방아를 찧는 토끼 같아서 수긍했기 때문일 것이다. 도교를 배척했기에 불로초를 떡으로 바꾸었을 것이다. 놀랍게도 달에 사는 토끼 이야기는 한국과 중국, 일본뿐 아니라 인도와 동남아시아 일대, 북미 원주민과 아즈텍의 설화에도 등장한다. 반면에 유럽에서는 두꺼비나 당나귀, 책을 들고 독서하는 소녀 등으로 봤다. 그리고 1969년 이후로 더 이상 "달에 누가 살고 있을까?"라고 묻지 않는다. 대신 이렇게 묻는다. "계수나무 아래서 방아 찧는 토끼처럼 보이는 것의 실체가 무엇일까?"

대상이 같아도 상황이 바뀌면 질문을 바꿔야 한다. 더 이상 예전의 답이 맞지 않다. 질문을 바꾸면 답이 달라진다. 예전에 확신했던 답이 더 이상 들어맞지 않는다고 느끼는가. 질문을 바꿔야 한다. 같은 질문을 고집하면 오답의 연속이다. 그러면서 나는 맞는데 세상이, 사람들이 틀렸다며 갈등이나 좌절에 빠질 수 있다. 질문을 바꾸자. **질문을 바꾸면 사고의 전환이 생기고 시력에 맞는 안경을 이제야 찾은 것처럼 다른 관점이 탄생한다.** 다른 답이, 어쩌면 기발한 답이 하늘에서 뚝 떨어진다. 새로운 답을 깨쳤을 때의 상쾌함을 기대하자.

지구라는 3차원 공간에 여기저기 흩어져 사는 그 많은 인류가 2차원의 평면 그림을 보듯이 공통으로 토끼를 보았다는 이야기는 아무리 생각해도 신기하다. 지구도 돌고, 달도 돈다는 사실을 알고 나면 더 신기하다. 어렸을 적에 동생들이랑 각자 있는 자리에서 뱅글뱅글 돌면서 논 적 있다. 너도 돌고, 나도 돌고, 계속 돌고 돌고, 너무 어지러워서 웃겼고 쾌활한 웃음소리들을 들었는데 얼굴을 몇 초 이상 마주 본 기억은 없다. 다 획획 지나갔다. 이처럼 각자 돌면서 마주보기란 좀처럼 어렵다. 불가능하지 않지만 수학적 계산이 필요하다.

달은 지구를 한 바퀴 도는 공전주기와 스스로 한 바퀴 도는 자전주기가 같아서 항상 같은 면이 지구를 향한다. 방아 찧는 토끼의 위치는 10억 년 전이나 지금이나 동일하다. 같은 검은 무늬를 갈릴레오 갈릴레이는 자기가 만든 망원경으로 올려다보았다. 그는 고요한 바다를 연상했다. 그로부터 먼 훗날 '달의 바다'라는 고유명사가 명명된 배경이다. 그러나 달에 토끼가 없는 것처럼 바다도 없다. 토끼네, 바다네 했던 검은 무늬의 정체는 현무암이다. 달의 탄생은 약 45억 년 전으로 추정되며 탄생 후 10억 년 또는 15억 년 동안 운석과 충돌이 집중됐고 이로 인해 분지가 생겼다. 또 14억 년가량 화산활동이 이어졌는데 이때 현무암질 용암이 흘러나오면서 분지를 덮어 굳은 부분이 지구에서 검은 무늬로 보였다. 이것이 "계수나무 아래서 방아 찧는 토끼처럼 보이는 것의 실체는 무엇일까?"에 대한 답이다.

그렇다면 그르니에가 정작 단 하나 중요한 것이라고 말한, 가려진 뒤편에는 무엇이 있을까? 공전이나 자전의 주기를 바꿀 수 없다면 영원히 볼 수 없다.[3] 사람에게도 공전이나 자전의 주기 같은 것이 있다. 성격이다. 성격은 다른 말로 관점이기도 하다. 관점을 바꾸지 못하면 발견할 수 없다, 누군가의 가려진 뒤편을. 지구인이라면 우주선을 타고 가지 않는 한 볼 수 없다, 달의 가려진 뒤편을.

---

[3] 참고로 중국의 무인 달 탐사선 창어 6호가 2024년 6월 2일 새벽 달의 뒤편 착륙에 성공해 1.9kg에 달하는 달 토양(현무암)을 채취했고 귀환에 성공해 11월 13일 토양 샘플을 처음으로 국내 대중에게 공개했다. 그들에 따르면 달의 뒤편은 현무암 지형이 2퍼센트 미만이라고 한다. 달의 앞면은 30퍼센트 이상을 차지한다.

사람들은 이분법적 사고를 좋아한다. 스웨덴 출신의 세계적인 통계학 석학 한스 로슬링은 저서 『팩트풀니스』에서 사람들이 세계를 오해하고 착각하게 만드는 잘못된 인식들 중 첫 번째로 '간극 본능The Gap Instinct'을 꼽으면서 인간에게는 이분법적 사고를 추구하는 강력하고 극적인 본능이 있는 것 같다고 썼다. 이런 간극 본능은 세상사뿐 아니라 사람에 대한 평가나 묘사에도 따른다.

화가 빈센트 반 고흐를 예로 들어보자. '서양 미술사에서 위대한 화가들 중 한 사람'이라는 소개는 그저 예사롭다. 이런 표현은 어떤가. '생전에 단 한 점의 그림밖에 팔지 못해서 궁핍했으니 사후에 그가 그린 그림 전부 세계에서 가장 비싼 그림이 되었다.' 또 이런 표현은? '그림에 열정을 바쳤지만 인정받지 못해 미쳐버린 화가, 자기 귀를 잘랐고 끝내 자살하고 만 비극의 천재 화가.'

빈센트 반 고흐를 그런 이로 알고 〈별이 빛나는 밤〉을 감상하면 광기에 사로잡혀 그린 그림이다. 유럽 문화권에서 죽음을 상징하는 짙은 초록색의 사이프러스는 불꽃처럼 활활 타오르고, 밤하늘은 별들과 구름의 소용돌이로 휘몰아친다. 달은 초승달이며 동시에 보름달이다. 깊이 응시하노라면 울렁울렁 멀미가 인다. 폴 고갱과 다투고 스스로 왼쪽 귀를 자르는 사건이 있은 다음 생 레미 요양원에 입원 중 그린 작품이라는 배경까지 알면 옳은 감상이라는 확신마저 생긴다. 실제로 저명한 미술사학자들은 이 그림을 두고 '불안상태에서 창조된 환각적인 그림'이라고 평하기도 했다. 사실일지 모른다. 그러나 예술가라는 존재는 '반드시'라고 해도 틀리지 않을 만큼 세간에 포착되지 않는 달의 뒤편을 지니고 있다. 볼 수 없으니 단지 유추할 뿐이다. 그 뒤편에서 나는 고흐를 둘러싼, 이제는 상투적이다시피 한 광기나 결핍, 불안이 아닌, 간극 본능을 발동시키지 않는 전혀 다른 모습을 발견할 수 있기를 기대했다.

빈센트 반 고흐는 세상을 떠나기 2년 전, 동료 화가 에밀 베르나르에게 '과학과 과학적 추론이 미래에는 대단한 도구가 될 거라 여긴다'는 내용의 편지를 썼다. 그 말은 사실이 되었다. 고흐가 어떻게 이런 그림을 그렸는지, 반대로 이 그림을 그릴 때 어떤 상태였는지 과학과 과학적 추론이 속속 밝혀내고 있으니 말이다.

스물아홉에 전업 화가가 됐다. 서른일곱에 사망할 때까지 채 십 년도 되지 않는 기간 동안 완성한 작품은 1250점의 유화, 천 점 이상의 소묘. 동생 테오한테는 19년 동안 668통의 편지를 썼다. 현대 의학자들은 이 놀라운 숫자들이 '하이퍼그라피아Hypergraphia' 증상이라고 진단한다. 고흐는 측두엽 뇌전증을 앓았고 '하이퍼그라피아'는 그 증상으로 글을 쓰고 싶어 주체하지 못하는 욕구를 가리킨다. 오랫동안 〈별이 빛나는 밤〉은 고흐의 불안한 심리 상태가 반영된 그림이었다. 이 답은 고흐가 어떻게 이런 그림을 그렸는가, 에 대한 질문에 대한 답으로 올바를까? ('맞다'가 아니라 '올바르다'라는 어휘를 선택한 점에 유의하기 바란다.)

다음 사진은 고흐가 표현한 별들과 모양이나 형태가 상당히 흡사하다. 1990년대에 허블 우주 망원경이 '소용돌이 은하'의 중심

부를 촬영한 것이다. 천문학계에서는 M51$^{Messier 51}$이라고 명하는데 대문자 M은 1773년 소용돌이 은하를 처음 발견한 프랑스 천문학자 샤를 메시에를 기려 붙였다. 흥미롭게도 고흐가 이 그림을 그린 1889년에 미국의 천문학자 에드윈 파월 허블이 태어났다. '허블의 법칙'은 '빅뱅이론'이 탄생하는 데 영감을 주고 기초가 됐으며 NASA는 그 공을 기려 1990년 지구 저궤도로 발사할 우주망원경에 '허블'이라는 이름을 붙였다. 백 년 전 사람인 고흐가 허블 우주 망원경이 촬영한 사진을 봤을 리 없다. 그런데 어떻게 이렇게 흡사한 그림을 그렸을까?

'소용돌이 은하'는 250mm 이상의 망원경으로 어렴풋이 관측할 수 있을 정도이다. 그 덕에 샤를 메시에가 발견한 뒤 여러 천문학자들이 이 은하를 관측했고, 1845년 아일랜드의 천문학자이자 로스 백작 3세 윌리엄 파슨스가 본인 소유의 성에서 72인치(1,828.8mm) 반사망원경으로 이 은하를 관측하고 스케치했다.

 윌리엄 파슨스가 1835년에 그린 위의 드로잉은 당시에 센세이션을 일으키며 널리 알려졌다. (왜 아니겠는가.) 고흐 역시 이 드로잉을 보았고 참고했을 가능성이 있다. 천문학자들은 고흐가 〈별이 빛나는 밤〉을 작업한 시기를 기준으로 천문 기록을 찾았다. 그날의 천문 기록은 이러하다. '날짜는 1889년 5월 25일 새벽 4시경, 날씨는 청명했고, 하늘에는 양자리와 금성, 그리고 20퍼센트가량 찬 초승달이 떠있었다.' 그림 속 분위기와 완벽히 일치한다. 노란 빛을 퍼트리며 둥글게 떠있는 별들은 양자리 별들과 금성이다. 윌리엄 파슨스의 드로잉에 영감을 받아 소용돌이치는 별들로 표현했다. 초승달인가, 보름달인가 긴가민가했던 것의 정체는 초승달이다. 그러나 천문학자들의 의견일 뿐, 저 달은 과연 초승달이기만 할까? 내 눈이 아니라고 하는데 남이 (설령 전문가라 할지라도) 그렇다고 하니까 그렇군, 하고 수동적으로 수긍하지 말자. 예술가는 자기 고유의 창작요소가 부재하는 것을 모욕으로 느끼는

일군이다. 이를 근거로 삼자 초승달 주변을 보름달이 밝히고 있는 것으로 보였다. 근거나 증거로 삼을만한 자료가 있을지 조사했다.

고흐가 장 프랑수아 밀레를 흠모했고 〈만종〉을 비롯해 여러 작품을 모사한 사실은 널리 알려져 있다. 또한 미국의 시인 월트 휘트먼의 시를 애송했다. 특히 '별이 빛나는 밤Starry Night'이라는 표현은 휘트먼이 종종 사용했던 상징으로 그의 또 다른 상징인 '정오 Noon'와 대조를 이루며 자연과 인간, 우주가 조화를 이루는 평화롭고 깊은 사색의 순간을 의미했다.[4] 고흐가 표현한 달의 형태는 월트 휘트먼이 지은 걸작 시이자 총 52편으로 이루어진 장시 「나 자신의 노래Song of myself」 중 열네 번째 편에 등장하는 이 시구에서 영감을 받았다는 주장이 있다. '초승달 어린이가 제 뱃속에 자기 보

---

[4] 그러나 고흐는 따로 제목을 붙이지 않았다. 〈별이 빛나는 밤〉이라는 제목은 그의 사후, 1927년 로테르담의 전시회에서 명명되었다.

름달 어미를 데리고 간다.' 시구의 앞뒤를 더 소개하면 이러하다.

한밤 중 홀로 뒷마당에 나서면
갖가지 생각이 잠시 내게서 멀어진다.
아름다운 자비의 신을 내 곁에 모시고 옛 유대의 언덕을 거닐고
공간을 달리고 하늘과 여러 별들 사이를 달린다.
일곱 위성과 그 광범한 둘레 직경 8만 마일의 대궤도 사이를 돌진
하고
초승달 어린이가 제 뱃속에 자기 보름달 어미를 데리고 간다.
난폭하고 향락하고 획책하고 사랑하고 경계하며
후퇴하고 충만시키고 나타났다가 사라진다.
나는 밤낮으로 이런 길을 걷는다.

_「나 자신의 노래」 중 14, 월트 휘트먼

해당 시구뿐 아니라 위의 시편 전체가 〈별이 빛나는 밤〉을 묘사하고 있는 것 같지 않은가. 고흐에게 직접 말을 들을 수 없어서 어차피 다 유추일 수밖에 없는 바에야 감상자에게는 이러한 감상법이 더 풍부한 영감을 주고 이해를 돕는다고 믿는다. 정신질환을 앓고 있던 이가 내면의 불안을 표현했다는 단순한 해석보다 윌리엄 파슨스의 드로잉을 참고했고 소용돌이치는 은하, M51에 대해 인지했으며 월트 휘트먼의 시에 깊이 공명하고 영감을 받았다는 해석 말이다. 이러한 해석은 고흐가 골방에 처박혀 그림만 그리

는 고립된 인간이 아니라 끊임없이 세상과 소통했고, 소통하고 싶어한 인간이었다고 느끼게 해준다. 그나저나 '초승달 어린이가 제 뱃속에 자기 보름달 어미를 데리고 간다'는 시구가 퍽 근사하지 않은가. 전복적 사고가 아니고서는 발상할 수 없다. **발상의 전환과 질문이 맞물리고 모두 이 지점에서 출발한다. 전복**顚覆**하다! 쉬운 말로 뒤집다! 무너뜨리다! 거꾸러뜨리다! 쓰러뜨리다!**

그림 〈별이 빛나는 밤〉을 다시 감상한다. 더 이상 서른 살 때처럼 멀미가 일지 않는다. 고흐가 지극히 맑은 정신으로 통찰한 밤하늘의 진실이다. 밤이 되어도 구름은 한시도 미무르지 않고 흘러가며 별무리는 소용돌이치고 초승달은 보름달을 낳으려 하고 있다. 여기에 과장은 없다. 단지 우리가 '밤'으로 모든 것을 덮으려 했을 뿐이다. 그리고 그것은 하나의 은유이다.

테오에게 쓴 편지에 이런 구절이 있다. '멀쩡한 세상이 날 미치게 한다.' 고흐가 말한 멀쩡한 세상이란 무엇일까. 그 답을 천재 무용수 바슬라프 니진스키 일기에서 찾는다. '세상의 느낌 없음에 절망한다.' 가난한 열정에 흔들리지 않을 만큼 견고해서 멀쩡한 세상, 타인의 고통과 슬픔에 대해 아무런 느낌이 없어서 멀쩡한 인간. 이런 멀쩡함이 과연 보통이고 정상이라 할 수 있는가. 과연 무엇이 정상이고 이상인가. 간극 본능을 추동하니 질문을 바꾸자. 당신은 무엇을 보고 정상이라 느끼는가, 또는 이상이라 느끼는가. 그것은 정말 정상인가? 그것은 정말 이상인가? 그 느낌에, 단지 느낌일 뿐인 느낌에, 그러나 일상에서 생각보다 많은 판단과 선택의 근거가 되기에 결코 과소평가할 수 없는 그것에, 뿌리 깊게 심긴 인위적 관점이 있다.

현실과 전혀 동떨어진 소리를 하는 사람을 두고 예전엔 이렇게 말하곤 했다.

"너는 안드로메다에서 왔니?"

다른 별도 아닌 하필이면 안드로메다였던 이유는 지구에서 약 250만 광년 정도 떨어진, 빛의 속도로 250만 년을 달려야 갈 수 있을 정도로 멀리 있기 때문이었다. 이렇게나 멀리 있는데도 가을철 밤하늘에서 육안으로 관찰이 가능하다. 다시 말해 눈으로 볼 수 있는 별 중에 가장 멀리 있는 별이었던 셈이다.

20세기 초만 해도 안드로메다는 우리가 살고 있는 은하수 안에 있는 성운이었다. 성운이란 별의 재료가 되는 수소와 헬륨 등이 서로 뭉쳐있는, 별이 되기 이전의 상태를 말한다. 그러다 1924년 에드윈 허블이 자신이 발명한 망원경을 통해 지구에서 안드로메다까지의 거리를 측정하는 데 성공한 데 이어 성운이 아니라 은하라는 사실을 밝혀낸다. 지구가 속한 은하수 말고 또 다른 은하가 우주에 존재한다는 사실은 지구인들에게 대단한 충격을 주었다. 그래도 안드로메다 은하가 당연히 은하수보다 작을 거라고 여겼다고 하니 천동설을 믿던 시대 못지않게 여전히 지구 중심의 시대에 살고 있었음을 알 수 있다.

그러나 그 후 눈부시게 발전한 천문관측 기술은 안드로메다 은하에 은하수보다 두 배 많은 1조 개의 별이 있으며 심지어 안드로메다 은하보다 더 큰 은하가 많다는 사실을 발견한다. 이런 이야기를 들으면 인간이 연구하고 발전시킨 과학이 속속 입증하고 있는 진실이 결국 '이 세상은 결코 인간과 지구 중심이 아니다'가 아닐까 싶다. 이것이 바로 관점의 확대이다. **같은 것을 보면서도 관점의 확대를 경험한 이들은 다른 틀을 가지고 다른 질문을 하면서 새로운 길을 만들고, 경험하지 못한 이들은 낡은 틀을 가지고 같은 질문을 반복하면서 구태에 머문다.** 참고로 안드로메다는 현재 초속 275km로 회전 중이라서 앞으로 약 20억 년에서 30억 년 뒤 지구가 속한 은하수와 병합될 것으로 예측된다. 그 과정에서 엄청나게 많은 수의 새로운 별이 탄생해 새 은하수는 아주 많이 젊어질 거라고 한다.

프레드릭은 목소리를 가다듬으며 잠시 동안 가만히 있었습니다. 그러고는 마치 무대 위에서 공연이라도 하듯 말하기 시작했습니다. "눈송이는 누가 뿌릴까? 얼음은 누가 녹일까? 궂은 날씨는 누가 가져올까? 맑은 날씨는 누가 가져올까? 유월의 네잎 클로버는 누가 피워낼까? 날을 저물게 하는 건 누구일까? 달빛을 밝히는 건 누구일까?" _ 동화 『프레드릭』, 레오 리오니 지음, 최순희 옮김, 시공주니어

프레드릭의 질문들에 인류는 수천 년간 신화나 전설, 민담, 문학과 미술, 음악 등의 예술, 철학으로 답했다. 그 시대에는 틀림없는 답이었고 지금은 틀림없이 답이 아니다. 대신 상상력과 지혜

의 보고가 되었다. 달빛을 밝히는 건 누구일까? 네루다는 금으로 만든 물이 있나 보다 했다. 나는 네루다의 상상력을 보름달이 뜨는 밤 한강에서 체감한다. 강물에 금빛 물결이 출렁인다. '몽하터Mångata', '물결 위로 길처럼 뜬 달빛'이라는 뜻으로 우리말로 옮길 수 없는 스웨덴어이다. 밤하늘에 금으로 만든 물로 만든 돌이 떠 있고 강물에 금으로 만든 물로 만든 돌이 만든 몽하터가 떠있다. 지구에 사는 모든 인류가 수천 년 동안, 어쩌면 호모 사피엔스가 탄생하고 6만 년 동안 똑같이 목도했다. 얼마나 많은 이들이 물었을까. 달빛을 밝히는 건 누구일까, 하고.

달빛이라고 하니 달이 빛을 내는 것 같지만 달은 스스로 빛을 내지 못하는 위성이다. 지구에서 보이는 달빛은 햇빛의 일부가 달 표면에 반사되며 비추는 것, 달의 전면에 햇빛이 닿을 때 보름달이 된다. 아니, 지구에서 보름달로 보인다. 그런데 이상하다. 햇빛은 똑바로 쳐다볼 수 없을 정도로 밝을 뿐 아니라 오랜 시간 노출되면 화상을 입을 만큼 뜨겁다. 이런 햇빛을 거울로 반사시키면 검은 종이에 불을 붙일 수 있을 정도이다. 같은 반사라도 왜 달빛은 그저 은은할 뿐이며 따뜻하지도 않을까. 달의 표면이 현무암으로 이루어져 있어서 반사율이 12퍼센트 정도밖에 되지 않기 때문이라고 한다.

자, 답이 나왔다. 달빛을 밝히는 건 햇빛이다. 달의 공전에 따라 햇빛이 얼마만큼 닿는지 달라져 '초승달 어린이가 제 뱃속에 자기 보름달 어미를 데리고 간다'. 그리고 유감스럽게도 달은 점점 작아지고 있다. 달에 설치된 레이저 반사경으로 측정한 결과, 1년에 약 3.8cm씩 멀어지고 있다고 하니 말이다. 그러니 2천 년 전에는 달이 지금보다 훨씬 커다랗게 보였고 (태양과 같은 크기로 보일 만큼) 달빛도 훨씬 밝았으며 이에 따라 달에 대한 숱한 신화나 전설, 민담, 문학과 미술, 음악 등의 예술, 철학이 나왔으리라는 추정을 가능케 한다.

달에 대한 관점의 변화 : 창의적인 발상은 어떻게 생기는가?

초승달이 점점 차올라 보름달이 되고 보름달은 점점 이지러져 초승달이 되고 그믐이 된다. 인류는 물었을 것이다. "(태양은 언제나 같은 모습인데) 달은 왜 변하는가?" 질문은 같았으나 그에 대한 답은 시대에 따라 변화했다.

- 기원전 4세기, 달의 여신 아르테미스를 숭배하던 시절에 아리스토텔레스가 말했다.
  천상계는 지상계에 존재하지 않는 제5원소 에테르로 이루어져 있어 스스로 영원불변하고 영원불변한 '등속원운동(한 점을 중심으로 일정한 속력으로 회전하는 원운동)'을 한다. 지구는 우주의 중심으로 부동하고 내부가 텅 빈 투명한 천구가 지구를 감싸고 있다. 천구에 해와 달, 별이 붙어 함께 돌고 있다.

- 17세기, 신이 직접 움직이는 천상계는 영원불변하고 달은 매끄럽고 완전하다고 믿던 시절에 갈릴레이 갈릴레오가 말했다.
  달의 겉면은 울퉁불퉁하고 산과 구덩이로 가득 차있다. 직접 제작한 망원경으로 관측한 결과 지구-달-태양의 위치에 따라 달의 모습이 변했다. 세상의 모든 물체는 '관성의 원리(물체에 작용하는 외부 힘의 합이 영일 때 물체의 운동 상태는 변하지 않으며 현재의 운동 상태가 계속 유지된다)'를 따르며 달은 관성에 따라 태양 주위를 원운동 한다.

- 17세기, 아리스토텔레스의 목적론적 세계관과 르네상스의 생명적 자연관이 대립하던 시절에 르네 데카르트가 말했다.
  자연의 제2법칙, 모든 운동은 그 자체로는 직선운동이다. 따라서 원운동을 하는 물체는 언제나 그려지는 원의 중심에서 멀어지려는 성향을 갖고 있다(데카르트의 직선 관성 이론). 달이 지구를 공전하는 힘은 하늘의 입자에서 온다. 하늘의 물질들, 미립자입자는 유성을 태양 주변에 공전시킬 뿐만 아니라 유성을 유성 자신의 주변에 자전시키는 것임에 틀림없다. 하늘의 입자는 유성 주변에 작은 하늘을 구성하고 있으며 이 작은 하늘은 가장 큰 하늘(항성 또는 태양을 중심으로 하는 하늘)과 같은 방향으로 운동을 한다. 입자들 모두 직선상으로 운동을 계속하려는 경향을 가졌기에 가장 큰 원 — 가장 직선에 가까운(곡률이 영에 가까운) — 을 그렸을 터인 입자가 가장 강력하다.

- 18세기, 데카르트라는 거인의 어깨에 올라 선 아이작 뉴턴이 말했다.
사과는 나무에서 떨어지는데 왜 달은 지구에서 멀리 날아가 버리지 않는가. 그 힘은 지상에서 낙하하는 사과에 작용하는 힘과 같다. 즉 지구가 달을 잡아당겨서 떨어지는 힘과 우주 공간으로 날아가려는 직선 관성의 조화로 달이 돈다. 모든 물체 사이에는 이와 같은 중력이 작용한다(만유인력의 이론).

- 20세기, 알베르트 아인슈타인이 말했다.
지구의 질량으로 인해 지구 주변에는 중력장, 즉 공간의 왜곡이 발생하고 달은 그 휘어진 공간을 따라 '직선'으로 날아간다. 다만 공간의 휘어짐으로 달이 지구를 공전한다(일반 상대성 이론).

- 현대 이론물리학에서 말하고 있다.
지구에 조수간만의 차이를 일으키는 달의 인력은 중력자 Graviton[5]의 주고받음으로 발생한다. 중력자는 아직까지 가상의 입자일 뿐 실제로 관측된 적은 없다.

달은 왜 변하는가, 하는 누구라도 가졌을 단순한 궁금증에 대해 인류는 시대별로 '등속', '관성', '중력', '일반 상대성이론', '중력자' 등으로 다르게 답했다. 여기에서 주목할 사안은 어떤 답이 맞느냐가 아니라 어떻게 이토록 각기 다른 답, 그것도 모두 인류의 사고를 혁신시킨 이론들이 나올 수 있었느냐는 것이다.

뉴턴은 '데카르트라는 거인의 어깨에 올라선 것'이라는 겸손한 표현으로 자신의 공로를 데카르트에게 돌렸지만 결코 그의 이론에 매몰되지 않았다. 독자적인 방식으로 자기만의 이론을 확립했다. 그럴 수 있는 비결은 '패러다임의 전환'에 있다. **이전의 이론을 숙지하면서도 동시에 충분한 답이 될 수 없는 근거를 찾아내 완전히 다른 관점에서 새롭게 질문했다. 여기서 말하는 완전히 다른 관점이 패러다임의 전환이다.** 그러나 기존의 것을 알지 못하면 할 수 없다. 완전히 다르거나 새롭다는 것은 기존의 것을 숙지하는 것을 전제로 탄생한다. 동시에 모방이나 표절 혐의도 깨끗하게 벗을 수 있다.

누구나 창조력, 창의성, 참신함, 새로움 등을 갖춘 아이디어를 꿈꾼다. 나는 이전의 것에 무지한 상태에서는 나올 수 없다고 믿는다. 동시에 이전의 것을 수동적으로 받아들이거나 숭배해서도 나올 수 없다고 믿는다. 이상이 달은 왜 변하는가, 하는 질문에 대

---

5 중력파의 소립자로서 중력을 매개하는 가상의 입자이며 모든 입자와 상호작용한다. 중력파는 질량을 가진 물체가 가속을 할 때 생기는 중력의 변화가 시공간을 전파해가는 시공간의 잔물결을 말한다. 중력복사는 이러한 중력파에 의해 전달되는 에너지를 말한다.

한 나의 탐구결과이다.

고정된 답은 없다. 같은 질문을 두고도 아는 만큼 답이 달라진다. 우리는 너 나 할 거 없이 자기를 기준으로 세상의 대상과 사물을 구별하고 판단한다. 그것이 정상이며 별수 없는 인간의 한계다. 그러나 정상이라 믿었던 것이 뒤집힐 때 발생하고야 마는, 불꽃 튀는 불가역성[6]이 나는, 통쾌하다. 얼마든지 뒤집혀 줄게. 아니, 제발 뒤집어 줘. 부디 뻔하지 않게.

한밤중에 달빛을 받으며 숲속이나 들판을 걷게 되면 그때의 기억은 마음속에 남아 쉽사리 잊히지 않는다. 별빛 속이나 캄캄한 어둠 속에 서면 인간은 무한하고 진동하는 어떤 우주 속에 던져진 피조물로 되돌아간 자신의 존재를 느낀다. 그는 자신의 존재에 대한 질문 앞에 서게 되고 그 순간의 어렴풋하지만 강력한 우주론 혹은 개인적 종교성에 빠져든다.

_『걷기 예찬』, 다비드 르 브르통 지음, 김화영 옮김, 현대문학

---

6 불가역성 : 변화를 일으킨 물질이 본디의 상태로 돌아갈 수 없는 일이 가진 본성.

'왜'가 아니라

'어떻게 하면'으로 질문하라

 한국사회에서 '왜^{Why}'라는 낱말은 여전히 모순이다. 받는 사람은 저만치 경찰이 보이면 지은 죄도 없으면서 괜히 찔리던 기분이 들게 하고, 하는 입장에서는 마치 '왜'라는 붉은 선 하나가 그어 있어 넘어야 하나 말아야 하나 싶은 것이다. 또 이와는 별개로 유난히 '왜'를 입에 달고 다니는 아이를 키웠던 부모라면 '왜'라는 말만 들어도 피곤함을 느낄지 모른다. 그런 사람들의 머리를 절레절레 흔들게 할만한 '다섯 번의 왜^{5Why} 기법'이라는 것이 있다. 말 그대로 '왜'를 연거푸 다섯 번 질문하는 것이다.
 1950년대 도요타 자동차의 생산 전문가 오노 다이이치가 발상했는데 당시는 '왜'가 아닌 '무엇'의 시대였다는 점에서 획기적인 발상이었다고 할 수 있다. 그 후 제조업뿐 아니라 서비스와 IT 등 다양한 분야에서 문제해결에 사용하고 있다. 질문은 "왜?"일 뿐이지만 답변은 사실과 데이터에 기반해 정확하고 타당하게 해야 한다. 막연하게 ○○○인 것 같은 느낌적인 느낌이야, 하는 식으로 답하는 것은 금기다. 다섯 번이라고 했지만 '왜'는 근본적인 원인을 찾아낼 때까지 반복된다. 도요타 자동차에서 용접 로봇에 고장이 발생했다. 그들은 어떻게 원인을 찾았을까.

도요타 사례

☐ 한 번. 용접 로봇이 왜 멈추었나?

회로에 과부하가 걸려 퓨즈가 나갔기 때문이다.

☐ 두 번. 회로에 왜 과부하가 걸렸나?

기계작동을 담당하는 축의 베어링이 충분하게 미끄럽지 못했기 때문이다.

☐ 세 번. 베어링이 왜 충분하게 미끄럽지 못했나?

용접 로봇의 오일펌프가 충분한 오일을 순환시키지 못했기 때문이다.

☐ 네 번. 오일펌프가 왜 오일을 순환시키지 못했나?

펌프의 흡입구가 금속 부스러기로 막혔기 때문이다.

☐ 다섯 번. 흡입구에 왜 금속 부스러기가 막혔나?

펌프에 필터가 장착돼 있지 않았기 때문이다.

용접 로봇이 멈춘 원인은 '퓨즈'가 끊어져서였고 이에 따라 퓨즈만 교체할 수도 있었다. (대부분 이런 식으로 문제가 아닌 증상을 해결하려는 경향이 있다.) 이것이 기존의 방식이었다. 도요타는 이런 식으로 문제를 해결할 수 없으며 같은 문제가 다시 발생한다는 사실을 알고 있었다. 기존의 방식을 관성적으로 따르는 것을 끊고 '왜?'라고 질문해야 바꿀 수 있다. 도요타는 '다섯 번의 왜 기법'을 통해 퓨즈뿐 아니라 오일펌프와 필터까지 교체해서 근본적인 원인을 해결했다.

당장의 증상만 해결하는 것은 늘 미봉책이다. 곧 같은 문제가 발생하고 문제가 발생하는 주기는 점점 짧아진다. '다섯 번의 왜 기법'은 문제가 발생한 근본적인 원인을 찾아낼 수 있도록 한다. 당신이나 당신 주변에 문제가 발생했는가? '왜?'를 다섯 번 묻고 답해보자.

첫 번째 왜?

_____

두 번째 왜?

_____

세 번째 왜?

_____

네 번째 왜?

_____

다섯 번째 왜?

_____

'왜'라고 묻고 답하기는 근본적인 원인을 파악하기 위해 꼭 필요하다. 어떤 경우에는 '내가 왜 예기고 묻고 있지?'라는 질문까지도 필요하다. 그런데 새로운 무엇을 창조하거나 패러다임을 전환하고 싶다면 '왜'가 아니라 다르게 물어야 한다.

'어떻게 하면'으로 질문하라!

'어떻게 하면HOW'은 가능성을 묻는 질문이다. "어떻게 하면 ~?"이라고 할 때 '어떻게 하면 ~을 가능하게 만들 수 있느냐'는 뜻이다. 긍정의 질문이다. '어떻게 하면'과 '만약(에)'을 합치면 해결책에 대한 모색이 본격적으로 시작된다. 오노 다이이치가 '다섯 번의 왜 기법'을 발상한 것도 이 질문을 했기 때문이었을 것이다. 어떻게 하면 문제의 근본 원인을 파악할 수 있을까?

이제 아홉 개의 질문을 소개한다. [질문 Part1]과 [질문 Part2]의 차이는 딱 한 단어, '어떻게 하면'이다. [질문 Part1]이 의문에 가깝다면 [질문 Part2]는 질문이다. 그리고 이 질문들이 인류에 패러다임[7]의 전환을 선사했고 지금까지 그 혜택을 누리고 있다. 질문을 보고 떠오르는 낱말이 있다면 자유롭게 기입해도 좋겠다.

질문 Part1

1. 글자를 쉽게 익혀서 편하게 쓰고 말하게 할 수 있을까?

   _____

2. 사과를 떨어지게 하는 힘이 달에는 미치지 않을까?

   _____

3. 냄비에 물을 끓일 때 뚜껑을 들썩거리게 하는 힘을 동력으로 바꿀 수 있을까?

   _____

4. 인간들 사이의 불평등을 자연법[8]으로 허용할 수 있는가?

   _____

---

[7] 어떤 한 시대 사람들의 견해나 사고를 근본적으로 규정하고 있는 테두리로서의 인식의 체계, 또는 사물에 대한 이론적인 틀이나 체계를 의미하는 개념으로서, 미국의 물리학자 토머스 쿤이 제안했다. 상황이나 생각이 혁명적으로 바뀔 때 사용한다.
[8] 자연법 : 자연히 존재해 언제 어디서나 유효한 보편적이고 불편적인 법칙.

5. 지금 당신의 삶이 노예의 삶보다 나을까?

_____

6. 종이 변할까?

_____

7. 여성도 국민인가?

_____

8. 흔한 것이 예술이 될 수 있을까?

_____

9. 좋은 답을 찾을 수 있을까?

_____

질문 Part 2

1. 어떻게 하면 글자를 쉽게 익혀 편하게 쓰고 말하게 할 수 있을까?

_____

_____

2. 어떻게 하면 사과를 떨어지게 하는 힘이 달에는 미치지 않을까?

_____

_____

3. 어떻게 하면 냄비에 물을 끓일 때 뚜껑을 들썩거리게 하는 힘을 동력으로 바꿀 수 있을까?

_____

_____

4. 어떻게 하면 인간들 사이의 불평등을 자연법으로 허용할 수 있는가?

_____

_____

5. 어떻게 하면 지금 당신의 삶이 노예의 삶보다 나을 수 있을까?

_____

_____

6. 어떻게 하면 종이 변한다는 사실을 증명할 수 있을까?

_____

_____

7. 어떻게 하면 여성도 국민인가?

_____

_____

8. 어떻게 하면 흔한 것이 예술이 될 수 있을까?

_____

_____

9. 어떻게 하면 좋은 답을 찾을 수 있을까?

_____

_____

패러다임을
전환시킨

위대한
질문들

이제 실제로 [질문 Part2]와 같이 질문하여 인류에게 패러다임의 전환을 선사한 위대한 인물들의 사례를 소개한다.

1. 어떻게 하면 글자를 쉽게 익혀 편하게 쓰고 말하게 할 수 있을까?

_ 세종대왕(1397-1450, 한국)

1443년(세종 25년) 창제, 1446년 반포한 훈민정음訓民正音(백성을 가르치는 올바른 소리)에는 세종대왕이 손수 지은 서문이 실려 있는데 어떻게 한글을 발명할 생각을 했는지 명확하게 밝히고 있다.

우리나라 말은 (언문일치를 하고 있는) 중국의 말과 달라서 문자(한자)만 가지고는 말과 글이 서로 맞지 아니한다.

그렇기 때문에 (글을 못 배운) 어리석은 백성들이 말하고 싶은 바가 있어도 자기 뜻을 펴시 못하는 사람들이 많다.

내가 이를 가엾이 여겨 새로 스물여덟 자를 만드니, 사람마다 쉽게 익혀 날마다 씀에 있어 편하게 하고자 할 따름이다.

_ 세종어제 훈민정음(현대어로 옮김)

그때도 많은 사람이 '글자를 쉽게 익혀 편하게 쓰고 말하게 할 수 있을까?' 즉 '글자를 쉽게 익혀서 편하게 쓰고 말할 수 있는 방법이 있을까?' 하고 찾았을 것이다. 여기서 글자가 한자라는 점은 고정불변이었다. 그들은 둘 중 하나로 결론을 내렸을 것이다. 열심히 글자(한자)를 익히거나 아니면 아예 포기하거나. 대부분 포기했다. 일부는 시작할 엄두조차 내지 못하고 미리 포기했다. 이들에게 글자란 쉽게 익혀 편하게 쓰고 말할 수 없는 것으로 동일시되어 버렸다.

글자(한자)　=　편하게 쓰고 말할 수 없는 것
　　A　　=　　B

방법을 찾으려면 고정관념이라는 고리부터 끊어야 한다. 편하게 쓰고 말할 수 없는 것은 글자가 아니라 한자일 뿐이다. 대부분의 사람들이 글자는 한자라는 고정관념에 붙잡혀 있었지만 세종대왕은 자유로웠다. 글자의 본래 기능인 '쓰고 말할 수 있도록 해서 자기 뜻을 맘껏 표현'할 수 있도록 하는 데 집중했고 이왕이면 어떻게 하면 편하게 기능할 수 있을지 방법을 찾았다.

발상의 전환 1

A는 B다
(고정관념)
▼
B를 가능케 하는 게 A뿐인가?
(의심과 질문을 통해 고정관념에서 탈피)
▼
어떻게 하면 A 말고도 B의 기능을 성립시킬 수 있을까?
(유연한 발상)
▼
기존에 없다면 내가 새로 만들자. 어떻게 하면 만들 수 있을까?
(새로운 발상)

이제 우리는 글자(한글)에 대해 이렇게 생각하고 있다.

글자(한글) = 편하게 쓰고 말할 수 있는 것

5백 년 전에는 상상도 할 수 없던 일이다.

2. 어떻게 하면 사과를 떨어지게 하는 힘이 달에는 미치지 않을까?

_ 아이작 뉴턴(Isaac Newton, 1643-1727, 잉글랜드)

아이작 뉴턴이 사과나무 아래 누워있다가 사과가 떨어지는 걸 보고 중력을 발견했다는 이야기는 사실일까 아닐까.

사과뿐 아니라 모든 물체는 위에서 아래로 떨어진다. 달은 사과보다 높이 있는데 떨어지지 않는다. 사과를 떨어지게 하는 힘이 지구 밖에 있는 달에는 미치지 않는 걸까? 어떻게 하면 (어떤 힘이) 달이 떨어지지 않게 할 수 있지?

사과를 보고 '사과는 떨어지는데 왜 달은 떨어지지 않지?' 하고 궁금해하는 사람은 오늘날에도 희귀하다. 아예 몰라서이다. 꼼꼼하게 관찰하면 뭐라도 궁금한 게 생기기 마련이지만 이 경우에는 관찰 부족이라기보다 지식 부족의 문제에 가깝다. 웬만한 사람의 눈에 사과는 사과이고, 달은 달이다. 왜 사과와 달이 똑같이 떨어져야 하는지조차 모르겠다. 무엇보다 달이 떨어지면 큰일 아닌가. '떨어지지 않게 신이 만드셨겠지' 하는 이들도 적잖았을 것이다.

뉴턴은 1661년 케임브리지 트리니티 칼리지에 입학해 철학과 천문학을 공부했다. 사과와 달 일화는 학부를 졸업한 후인 1666년의 일이라고 한다. 다시 말해 그 즈음이면 이미 천문학에 어느 정도 전문적인 소양을 갖췄을 것이다. 더구나 어렸을 적부터 과학에 관심이 많아 풍차를 보고 이런 질문을 했다고 한다. "풍차가 영원히 멈추지 않고 돌 수 있는 힘을 가질 수 없을까?" 무엇보다 1660년대 천문학계는 여전히 아리스토텔레스의 이론이 주류이긴 했어도 한바탕 천문학의 혁명이 휩쓸고 지나가 비교적 토양이 비옥했다. 대표적으로 갈릴레오(1564-1642)의 운동이론과 데카르트(1596-1650)의 운동이론, 케플러(1571-1630)의 행성운동 법칙이 그것이다. 특히 케플러는 관찰 결과 행성은 태양을 초점으로 타원궤도를 그리며 공전한다는 사실을 알아냈고 행성과 태양의 거리, 공전주기를 수식으로 만드는 데 성공했다.

'사과는 떨어지는데 왜 달은 떨어지지 않을까?' 같은 의문을 던졌을 때 나 같은 사람과 천문학도가 갖는 의문의 핵심은 다를 것이다. 내 눈에는 사과와 달만 보이지만 뉴턴의 눈에는 사과와 지구, 지구와 달, 지구와 태양, 그리고 그 사이에 작용하는 힘이 보였을 것이다. 그래서 '어떻게 하면' 사과는 떨어지는데 달은 떨어지지 않을 수 있는지 질문할 수 있었고 갈릴레오와 데카르트, 케플러가 밝히지 못한 사실을 밝혀냈다. (달이 타원궤도를 돌면서 발생하는 원심력과 지구가 달을 잡아당기는 중력이 같아서 달이 지구로 떨어지지 않고 회전한다. 만약 달이 1분이라도 멈춘다면 지구로 떨어질 것이다.)

뉴턴은 만유인력의 법칙을 통해 지구의 자연현상뿐 아니라 우주의 천체현상까지도 이성적이고 합리적으로 설명할 수 있도록 했다. 뉴턴 이후에 우주를 지배하는 것은 더 이상 신이 아니라 뉴턴의 법칙이 되었다. 이런 위대한 업적을 이루게 한 바탕은 인간이 그 법칙을 알아낼 수 있다는 확신이었다. 이러한 그의 철학은 계몽주의가 꽃피는 데 큰 역할을 했다. 태양계의 역사는 뉴턴 전과 후로 나뉜다고 해도 과언이 아니다. 뉴턴주의는 아직도 우리의 의식에 큰 영향을 주고 있다.

"나는 (실험이나 관찰에 기초하지 않은) 가설을 세우지 않는다."
"나는 자연의 나머지 현상들도 기계적 원리로부터 같은 종류의 추론으로 도출할 수 있기를 기대한다." _『프린키피아』, 아이작 뉴턴 지음

<u>남이 보지 못하는 걸 볼 수 있고
깊이 있는 질문을 할 수 있는 원천은
창의력보다 탐구심이다.</u>

3. 어떻게 하면 냄비에 물을 끓일 때 뚜껑을 들썩거리게 하는 힘을 동력으로 바꿀 수 있을까? _ 드니 파팽(Denis Papin, 1647-1712, 프랑스)

드니 파팽이라는 이름은 생소해도 압력솥을 발명한 사람, 이라고 하면 매일 밥을 먹는 우리로서는 아하! 아주 중요한 일을 했네, 싶을 것이다. 압력솥의 원리는 솥 안의 증기가 빠져나가지 못하도록

만들어 압력을 높이는 것에 있다. 압력이 높아지면 끓는점이 높아져 재료를 빠른 시간에 익힐 수 있다.

파팽이 발명한 것은 정확히 말하면 압력솥의 전신이라고 할 수 있는 증기찜통이다. 1679년에 발명했고 1682년 개론서를 발간했는데 제목이 『빠른 시간 내에 적은 비용으로 뼈를 조리하고 모든 종류의 고기를 익히는 방법과 사용 기계에 대한 설명』으로 흡사 압력솥으로 갈비찜을 조리하는 장면을 연상케 한다.

파팽이 증기찜통을 발명한 계기는 이러하다. 어느 날 냄비에 물을 끓이다가 뚜껑이 들썩거리는 것을 보았다. (나도 거의 매일 본다.) 파팽은 이를 당연하게 여기지 않고 보이지 않는 힘으로 보았다. (의무교육의 혜택 덕분에 나도 보이지 않는 힘으로 보기는 한다.) 그리고 '어떻게 하면'(이라고 나는 발상할 수 없다) 이 보이지 않는 힘을 실제 에너지로 바꿀 수 있을지 연구했다. 그 결과 화약 대신 수증기를 이용해 진공상태를 만들고 기압의 작용을 이용해 피스톤을 움직이게 하는 증기기관(대기압 피스톤 엔진)을 발명하는 데 성공한다. 또 1705년에는 세계 최초의 증기선까지 발명해 엘베 강에 띄웠다.

여기까지 읽다가 이상한 점을 발견했을 것이다. 제임스 와트(James Watt, 1736-1819, 영국)가 증기기관을 발명한 거 아니냐, 그 덕에 영국이 세계 최초의 산업혁명을 이뤄낼 수 있었잖느냐, 그 공이 얼마나 대단한지 한국인까지도 조명기구 구입할 때마다 30와트, 50와트 하면서 그의 이름을 부르지 않느냐고 말이다.

결론부터 말하면 제임스 와트는 증기기관을 1776년에 개발·상용화했고 최초의 발명가는 드니 파팽으로 와트보다 백여 년 전에 발명했다. 어쩌면 프랑스가 백 년 먼저 산업혁명에 성공할 수도 있었다. 그러나 영국보다 풍요로운 자연환경 덕에 사회가 산업혁명을 치를 준비가 되어 있지 않았다. 증기선도 마찬가지였다. 파팽이 엘베 강에 띄운 세계 최초의 증기선은 뱃사공들이 자신들의 일자리가 사라질 것을 우려해 불질러 태워버렸다. 드니 파팽은 1712년 가난 속에 숨을 거뒀고, 제임스 와트는 평생 부유하게 살다가 영광스럽게도 50파운드 고액권 지폐 도안에 담겼다. 영국에서는 제임스 와트가 찻주전자에 물을 끓이는데 뚜껑이 들썩거리면서 수증기가 나오는 모습을 보고 증기기관을 발명했다는 이야기가 전해진다. 와트에게 증기기관의 개발·상용화의 주역에 더해 발명가라는 타이틀까지 안겨주고 싶은 이들이 만들어냈을 것이다.

요리를 하거나 찻물을 끓이면서 냄비나 주전자 뚜껑이 들썩거리는 모습을 거의 매일 본다. 파팽도 이전에 수백 번 봤을 것이다. 그러다 어느 날, 어떻게 '어떻게 하면 냄비에 물을 끓일 때 뚜껑을 들썩거리게 하는 힘을 동력으로 바꿀 수 있을까?'라는 질문을 할 수 있었을까? 여기서 다른 얘기지만 결국은 비슷한 맥락의 이야기를 덧붙여보겠다.

요한 볼프강 폰 괴테는 자기가 지은 시가 꿈에서 온 경우가 많다고 했고, 볼테르도 자기가 지은 서사시에 나오는 은어와 위선적인 말투를 꿈에서 얻었다고 했다. 에드거 앨런 포는 자기 추리소설 줄거리가 모두 꿈에서 온 것이라고 했다. 베르나르 팔리시는 꿈에서 영상을 보고 당대 최고의 아름다운 도자기를 만들었고, 모차르트는 자신이 작곡한 작품은 모두 꿈에서 왔다고 고백했다. 백미는 독일의 유기화학자 프리드리히 아우구스트 케쿨레이다. 벤젠 분자의 원자 배열 문제로 고민하던 중에 꿈을 꿨다. 벤젠의 원자들이 꼬리에 꼬리를 물고 연결된 상태로 너울너울 춤을 추다가 갑자기 머리를 돌려 자기 꼬리를 무는 게 아닌가. 케쿨레는 이 꿈에서 영감을 받아 벤젠의 분자구조가 고리 모양이라고 제안했고, 이렇게 탄생한 '벤젠의 고리구조론'은 모든 화합물을 화학구조로 조직화하는 데 성공했다.

이쯤 되면 세상을 놀라게 하는 아이디어는 하늘에서 꿈으로 뚝 떨어지는 특별한 선물 같은 게 아닌가 싶다. 그랬으면 좋겠다는 바람을 그렇게 막 일반화시키지는 말자. 앞의 꿈 이야기들에서 주목할 점은 모차르트가 벤젠의 원자들이 꼬리를 물고 춤추는 꿈을 꾸지 않았고 케쿨레가 추리소설의 줄거리를 꿈꾸지 않았다는 거다. 모두 현재 자신이 몰두하는 것과 관련된 꿈을 꾸었다. 그래서 아인슈타인은 꿈에서 자신이 씨름하는 문제에 대한 정보를 얻으면 기록하려고 침대 머리맡에 늘 펜과 노트를 두고 잤다. 비슷하게 데카르트가 날아다니는 파리를 보고 좌표의 영감을 얻고, 뉴턴이 사과를 보고 만유인력의 법칙의 영감을 얻은 것처럼 파팽은 늘 동력에 대해서 생각했기 때문에 수증기를 봤을 때 연계시킬 수 있었다. '뭐 눈에 뭐만 보인다'는 말은 질문에서도 예외가 아니다.

<u>자나 깨나 몰두하는 문제 + 일상 = 새로운 질문</u>

4. 어떻게 하면 인간들 사이의 불평등을 자연법으로 허용할 수 있는가?

_ 장 자크 루소(Jean-Jacques Rousseau, 1712-1778, 스위스)

질문은 이러했다. '인간 불평등의 기원은 무엇이며 그것은 자연법에 따라 허용될 수 있는가?' 1754년 디종 아카데미에서 주최한 학술연구 공모전의 주제였다. 루소는 5년 전 같은 공모전에서 1등으로 당선된 적 있다. 당시 주제는 '학문과 예술의 진보는 풍속의 순화에 기여했는가?'였다. 루소는 이에 대해 학문과 예술의 진보가 인간 본연의 자연 상태를 파괴했으며 오히려 풍속을 문란하게 만들었다고 답했다. 그의 주장은 학문과 예술의 진보가 인류에게 유익하다는 믿음에 대한 도전이자 계몽주의에 대한 비판이었다. (학문과 예술의 진보가 인류에게 유익하다는 믿음은 오랜 편견이기도 하다.) 디종 아카데미가 이런 그의 주장에 1등 당선으로 화답한 사실은 오늘에도 신선하다. 그런데 두 번째는 달랐다. 루소는 낙선했고 2년 뒤 고향인 제네바 공화국에 대한 헌사와 주석을 달아『인간 불평등 기원론』이라는 제목으로 출판했다.

'모든 인간은 평등하다'라는 말은 정언이다. 그 앞에 어떤 조건도 붙을 수 없다고 우리는 믿는다. 그러나 '평등'이라는 단어에 대한 해석은 시대마다 달랐고 근대 이후에 평등은 국가권력에 대한 국민의 권리를 중점으로 다룬다. 루소가 살았던 18세기 중반에 그러한 인식은 아직 위험했다. 우리나라 18세기 중반을 그려보자. 영조가 다스리고 있었다. 노비나 백정이 영조에게 "당신이나 나나 평등한 존재입니다!"라고 하면 어떤 일이 벌어졌을까? 반대로 영조가 그들에게 "당신이나 나나 평등한 존재입니다"라고 했다면? 이쪽이든 저쪽이든 다 무사치 못 했을 것이다.

불평등은 숨 쉬듯 당연했다. 유럽이라고 크게 다르지 않았다. 신분의 차이에 따른 불평등은 자연법(자연히 존재해 언제 어디서나 유효한 보편적이고 불편적인 법칙) 같았다. 그런데 디종 아카데미에서 질문한 것이다. 인간 사이의 불평등이 자연법으로 허용될 수 있는가? 바꿔 말하면 인간 사이의 불평등이 정당한가. 이 질문 앞에 '어떻게 하면'을 붙여봤다. 어떻게 하면 인간 사이의 불평등을 자연법으로 허용할 수 있을까? 이런 질문은 낯설다 못해 기이하지만 수많은 독재자들이 질문했고 실행에 옮겼다. 그들이 무엇부터 했던가. 같은 목표를 가진 자들로 조직을 꾸리고 자금을 축적하고 지배를 정당화하고 영속화할 수 있는 제도를 만들어 포고한다.

루소는 사회의 발생, 사유재산제의 탄생, 지배층이 만든 제도 등이 정치적 불평등을 낳았고 이것이 부의 불평등을 초래했다고 주장했다. 이에 따라 지배층의 지배를 정당화할 뿐인 기존의 법과 제도를 전면적으로 개혁해야 한다면서' 절대왕정을 신랄하게 비판했다. 두 번째, 세 번째 원인에 대해서는 익숙하다. 그런데 사회의 발생이 정치적 불평등과 부의 불평등을 초래했다니 선뜻 이해하기 어렵다. 루소는 다음과 같이 주장한다. 자연 상태에서는 모든 것을 자신에 비추어 바라보기 때문에 남이 어떻든 아무런 상관이 없다. 그러나 사회를 구성하면서 타인의 시선을 신경 쓰기 시작했다. 타인보다 더 낫고 싶다는 감정이 인간 사이에 불평등을 초래하는 계기가 됐다. 이 주장은 불평등이 자연스러웠던 18세기보다 평등이 자연스러운 이 시대에 더욱 호소력 있게 와닿는다.

자연적(신체적) 불평등은 인정하지만 자연 상태에서는 불평등이 있을 수 없으며 인간이 창조한 사회가 인간 사이의 정치적 불평등을 조장했다는 주장은 오늘날에 다소 식상한 감이 있다. 그러나 18세기 중반, 절대왕정 시절이었다. 비록 디종 아카데미 공모전에서는 낙선했지만 『인간 불평등 기원론』과 8년 뒤인 1762년에 출간한 『사회계약론』을 읽고 루소의 사상을 깊이 새긴 이가 있었다. 로베스피에르(1758~1794)였다. 루소가 세상을 떠나고 2년 뒤인 1789년 프랑스 혁명이 일어난다. 로베스피에르에게 혁명은 새로운 사회계약이었다. 1793년 루이 16세가 처형되면서 왕정이 폐지되고 공화정이 수립됐다. 이듬해 로베스피에르가 단두대에

---

9 『사회계약론』에서는 모든 구성원이 투표를 통해 주권자로서 정치에 참여해 사회의 법과 규칙(공동선)을 정해야 한다는, 즉 권력의 정당성이 일반 국민들에게 있다는 인민주권설의 이론을 제시한다.

서 처형됐다. '공화국의 잔인함은 미덕'이라고 공언했던 공포정치는 막을 내렸지만 부패와 탐욕의 반혁명이 이어졌다.

'어떻게 하면 인간 사이의 평등이 자연법으로 허용될 수 있을까?'라는 질문은 루소에 따르면 성립할 수 없다. 자연에서 인간은 이미 평등하므로. 루소의 유명한 정언인 "자연으로 돌아가라"라는 말은 이에 기반한다. 그러나 니체는 『우상의 황혼』에서 신랄하게 비판했다.

> 평등 선언이라니! …… 이것보다 더 유해한 독은 결코 존재하지 않는다 : 정의의 종말이었던 그것이 심지어는 정의를 설교하는 것처럼 보이기 때문이다 …… "동등한 자에게 평등을, 동등하지 않은 자에게는 불평등을 — 정의에 대한 진정한 표현은 바로 이것일 것이다 : 그리고 그 결과로서, 동등하지 않은 자를 결코 동등하게 만들지 말라."   -『우상의 황혼』, 프리드리히 니체 지음, 백승영 옮김, 책세상

평등을 정의의 문제와 연계하면 니체의 말에 수긍하는 이들도 있을지 모른다. 그러나 결론적으로 루소의 사상이 프랑스 혁명과 미국 독립운동의 토대가 되고 민주주의의 기초가 되었다는 사실을 부정할 수 없다. 무엇이 평등이고 어떻게 하면 평등과 정의를 실천할 수 있는가, 는 인류가 늘 풀고 있어야 하는 숙제이다. 현재까지 최선의 대안은 루소가 제안한 대로 입법활동에 참여하는 자유이다. 한편으로 어떻게 하면 인간 사이의 불평등을 자연법으로

허용할 수 있을까, 하는 꿍꿍이를 가진 자들은 늘 곳곳에 도사린다. 그들은 자기보다 가난하고 힘없고 약한 자가 불평등을 자연스럽게 받아들이도록 가스라이팅(혹은 강요나 강압)하거나 사뿐히 지르밟듯 묵인한다.

발상의 전환 2

~은 당연하다 혹은 ~은 마땅하다

▼

~은 당연한 것이 맞을까?

(의심)

▼

~은 어떻게 당연하게 되었을까?

(누가 어떠한 목적이나 의도로 당연한 것으로 만들었을까?)

(추론)

▼

그것은 어떤 이유나 근거로 타당한가, 혹은 타당하지 않은가?

(선택)

▼

타당하지 않다면 어떤 대안을 세울 수 있는가?

(새로운 발상)

5. 어떻게 하면 지금 당신의 삶이 노예의 삶보다 나을 수 있을까?

_ 카를 마르크스(Karl Marx, 1818-1883, 독일)

영국에서는 알아도 몰라도 크게 지장 없을 조사나 연구를 참 많이 하는 것 같다. 언젠가 이런 연구결과를 발표했다. '전 세계 직장인들이 월요일 아침에는 웃지 않다가 평균 오전 11시 16분부터 웃기 시작하며 한 사람당 평균 12분 정도 불평을 한다.' 이른바 월요병이다. 우리도 월요일에 유독 출근하기 싫다. 사실은 매일 출근하기 싫다. 주말을 기다리며 연휴를 헤아린다. 그러다가도 퇴근 시간이 되면 없던 힘이 생긴다. 마르크스에 따르면 이런 이유 때문이다.

> 자신의 노동 속에서 자기 자신을 긍정하지 못하고 오히려 자신을 부정하고, 행복감에 젖기는커녕 불행만을 체험하며, 자유로운 신체적, 정신적 에너지를 전혀 계발하지 못한 채 도리어 육체를 쇠약하게 하고 정신을 황폐화시키기 때문이다.
>
> _ 카를 마르크스, 『경제학-철학 수고』[10]

위의 글을 축약하면 '소외노동'의 결과이다. 생산수단을 소유하지 못한 사람들은 노동력으로 먹고살 수밖에 없는데 이 노동력

---

[10] 『마르크스의 자본론 : 자본은 인간을 해방할 수 있는가』, 이재유 지음, EBS BOOKS에서 재인용

의 가치는 오로지 결과물(상품)로만 평가받는다. 자본주의 사회에서는 모든 것을 사고파는 교환 논리가 지배한다. 여기에서 그치지 않는다. 개인은 기계의 부품으로 전락한 채 사유하는 능력을 상실한다. 자기 인생을 스스로 선택하고 결정하지 못한 채 경제적 목표만을 위해 끌려다닌다. 인간이 인간의 본성에서 소외당하는 것이다. 앞서의 저서를 집필했을 때 마르크스의 나이 스물여섯이었다. 철학박사이자 (창간하는 족족 반정부 기사로 폐간당했지만) 언론인이었다.

4년 뒤인 1848년, 프리드리히 엥겔스와 함께 "하나의 유령이 유럽에서 떠돌고 있다. 공산주의라는 유령이다"로 시작해서 "프롤레타리아가 공산주의 혁명으로 잃을 것이라고는 쇠사슬뿐이다. 그들에겐 얻어야 할 세계가 있다. 만국의 프롤레타리아여, 단결하라!"로 끝나는 『공산당 선언』을 집필하고 런던에서 독일어로 출간한다. (당시에 '공산주의'는 있었으나 '공산당'이라는 조직은 존재하지 않았다. 이 때문에 엥겔스가 같은 내용을 '공산주의 선언'으로 제목을 바꿔 재출간했다.) 1848년은 혁명의 해였다. 1월부터 시칠리아를 시작으로 2월에는 파리, 3월에는 베를린과 빈, 그리고 폴란드, 헝가리, 덴마크, 토스카나 대공국, 아일랜드 등 사실상 러시아와 잉글랜드를 제외한 유럽 전역에서 혁명의 불길이 치솟았다. 모두 실패했다. 아이러니하게도 최초로 공산주의 혁명이 성공한 것은 70여 년 뒤인 1917년, 러시아에서였다. 마르크스가 숨을 거둔 지 34년 뒤였다.

『공산당 선언』은 100여 개국에 번역됐고 5억 부 이상 판매돼 20세기에 가장 많이 팔린 책이었으며 2013년에 유네스코 세계문화유산 기록유산으로 등재됐다. 한국에서는 해방 이후 금서였다가 1980년대 후반에 풀렸다.

마르크스는 노동자 혁명이 모조리라고 해도 과언이 아닐 정도로 실패하자 자본주의에 대해 철저히 분석해야겠다고 결심한다. 이후 10여 년 동안 연구하고 쓴 결과물이 『자본론』이다. 1867년에 1권이 발간됐고, 2권과 3권은 마르크스 사후에 그의 영원한 동지이자 후원자인 프리드리히 엥겔스가 편집해서 발간됐다.

20대 후반, 사회생활을 어느 정도 경험했을 즈음에 한 교수님에게 질문했다. "옛날보다 경제적으로 풍요로워졌는데 왜 먹고사는 일은 계속 고단할까요? 이상해요." 내 고민의 크기에 비해 교수님의 답변은 지나치게 간략했다. "전혀 이상하지 않아. 마르크스의 『자본론』을 읽어 봐."

아무리 세상이 변해도, 어떻게 변해도 인간은 비슷한 문제를 고민했고 몸부림치면서 답을 모색했다. 감히 장담하건대 당신이 어떤 고민을 해도 같은 고민을 한 사람이 이전에 있었고 이후로도 있을 것이다. 왜 노동만 해서는 부자가 될 수 없는지, 왜 부자는 더 큰 부자가 되고 가난한 사람은 더 가난해지는지(최근에 발간되는 부와 관련한 자기계발서들의 제목 같기도 하다), 왜 기술이 발전해도 계속 가난하고 고단한지, 왜 불황이나 공황이 발생하는지, 그에 대한 설명이 『자본론』에 있다.

비슷한 시기에 한 동료가 내게 물었다. "지금 우리가 조선시대 노비보다 낫다고 생각해요?" 그나 나나 큰 조직에 소속되어 월봉을 받고 있었다. 월봉보다 훨씬 많은 노동을 하면서 말이다. 내가 답했다. "나을 게 뭐가 있겠어요. 결국엔 다 큰 집 종이죠." 그러나 동료에게 질문을 받기 전에는 생각해본 적 없었다. 지금 나의 삶이 노예의 삶보다 나을까, 하고. 그 뒤로 지금까지 종종 그 질문에 대해서 생각하고는 한다.

일단 앞서의 질문에서 노예가 정확히 (현대 시점에서) 어떤 의미인지 규정할 필요가 있다. 우리에게는 노예라고 하면 상징적인 이미지가 있다. 아프리카에서 사냥 당해 고기처럼 포개져 아메리카 대륙으로 끌려가 죽도록 혹사당한 흑인 노예가 그것이다. 국어사전의 노예의 뜻풀이는 이러하다.

> **노예** 남의 소유물로 되어 부림을 당한 사람. 모든 권리와 생산 수단을 빼앗기고, 물건처럼 사고팔리던 노예제 사회의 피지배 계급이다.

눈으로 대충 읽으면 나와 상관없는 말 같다. 곱씹어 다시 읽자. 우리 대부분은 부림을 당하는 입장이고 생산수단을 가지고 있지 못하다. 살기 위해 체력이나 능력, 재능을 물건처럼 팔 뿐이다. 매겨지는 가격이 곧 그 사람의 가치가 된다. 더 이상 노예라는 계급이 현실에 존재하지 않을 뿐이다. 우리나라에서는 노예보다 노비라는 말이 더 친숙하다.

노비 사내종과 계집종을 아울러 이르는 말.

조선시대에는 노비와 관련해 특이한 사실이 있다. 바로 '외거노비'이다. 노비라고 하면 주인집에 기거하면서 온갖 시중을 드는 모습을 떠올리기 마련인데 (이들을 '솔거노비'라고 한다) 외거노비는 주인과 따로 살면서 주인의 땅을 관리하거나 소작하고 곡식을 바쳤다. 이들은 재산을 소유할 수 있었기 때문에 몸값을 주인에게 지불해서 노비에서 해방되고 양민이 될 수 있었다. 심지어 부자가 된 사례도 있다. 그런가 하면 엄연히 평민인데 노비가 하는 일을 하면서 숙식을 해결하는 이들이 있었다. 이들을 '머슴'이라고 불렀다. 어떤 면에서 우리 대부분의 실상은 외거노비나 머슴에서 동떨어져 있지 않다. 그래서 오늘에도 이와 같은 질문이 통할 수 있는 것이다. 지금 당신의 삶이 노예의 삶보다 나을까? 어떻게 하면 당신의 삶이 노예의 삶보다 나을 수 있을까?

마르크스는 후자의 질문부터 했을 것이다. 전자의 질문은 할 필요도 없었다. 명백하게 당시 노동자들은 고대 노예보다 혹독한 노동에 시달렸고 기본적인 생존조차 보장받지 못했다. 대영제국은 '해가 지지 않는 나라'라는 영광을 누리고 있었지만 산업혁명기 런던 시민들의 평균 수명이 고작 27세, 노동자 계층은 22세였다는 사실은 몇 번이고 다시 확인해도 경악스럽다. 장례식의 절반 이상이 10세 미만의 어린이였고 6~7세의 아동 대다수가 굴뚝청소부터 성냥공장에 이르기까지 작은 몸집과 작은 손이 필요한 곳마다 투입돼 노동했다. 마르크스는 자본주의에서 노동력을 착취당하는 (혹은 착취당하는 줄도 모르는) 약자들을 보호하기 위해 『자본론』을 썼다. 그가 확신한 공산주의는 한 번도 실현된 적 없으며 (사회주의는 공산주의가 아니다) 실현 불가능한 이상주의에 가깝다. 그러나 그가 언급한 노동자의 권익 보호, 경제적 불평등 해소, 복지나 기본소득 등은 거의 모든 국가에 영향을 끼쳤고 실제로 도입됐거나 도입하기 위해 부단히 애쓰는 중이다.

어떻게 하면 당신의 삶이 노예의 삶보다 나을 수 있을까? 이 질문에 대한 답은 결코 내가 열심히 노력하면 된다, 가 될 수 없다. 당신 혼자 노력한다고 당신의 삶이 나아지지 않는다. 마찬가지로 오로지 당신만의 잘못으로 당신의 삶이 잘못된 게 아니다. 이것은 답이 아니라 또 하나의 질문이다.

<u>부조리한 현실 + 개혁 의지 + 공부 = 새로운 사상</u>

6. 어떻게 하면 종이 변한다는 사실을 증명할 수 있을까?

_ 찰스 R. 다윈(Charles R. Darwin, 1809-1882, 잉글랜드)

1831년 12월, 스물두 살의 찰스 다윈이 탐사선 비글 호에 승선했을 때 제미 버튼이라는 소년이 있었다. 소년은 남아메리카에서도 최남단에 위치한 티에라 델 푸에고의 야간족^{Yagan} 출신으로 본명은 오룬델리코였다. 아홉 살 때 다른 세 명과 함께 비글 호의 피츠로이 선장한테 인질로 붙잡혔고 영국에 2년 넘게 머물다 모국으로 돌아가는 길이었다. 영국인들은 이국의 소년을 과학 표본처럼 대했다. 아무리 추워도 벌거벗고 지내는 야간족의 습성을 무시하고 양복을 입혔고 기숙사 학교에 보내 영국 상류사회 방식으로 교육시켰으며 당연히 영어도 가르쳤다. 기독교로 개종시키고 영국 왕이었던 윌리엄 4세도 만났다. 피츠로이와 영국인들은 오룬델리코, 아니 제미 버튼이 야만인들에게 문명을 전파해 주기 바랐다. 비글 호에서 처음 만난 다윈과 버튼은 친구가 되었다. 티에라 델 푸에고에 도착하자 어떤 일이 벌어졌을까?

도착하자마자 입던 옷을 다 벗어던지고 나체로 돌아갔고 기억에서 희미해진 야간족의 언어를 구사하려고 애썼다. 제미 버튼의 동족을 만나고 다윈은 이런 소감을 남겼다. "하등 동물들은 무슨 낙으로 살까 하는 생각을 해본 적 있는데 이 원주민들에게도 같은 궁금증이 들었다." 1년 뒤 비글 호가 같은 곳에 다시 왔다. 제미 버튼, 아니 오룬델리코는 굶주린 듯 홀쭉해졌고 옷이라고는 허리에 두른 담요조각이 전부였으며 기독교나 영국의 문명을 전파하는 일은 전혀 하지 않았다. 다윈을 비롯한 영국인이 보기에 말 그대로 야만인으로 돌아가 있었다. 다윈은 그를 보는 것만으로도 고통스러워 영국으로 돌아가자고 제안한다. 다윈이 쓴 그날의 일기는 다음과 같다. "우리는 그가 영국으로 돌아가기를 전혀 바라지 않는다는 걸 알고는 좀 놀랐다."

제미 버튼은 다윈의 진화론이 탄생하는 데 큰 영감을 주었다. 문명을 체험한 소년이 원시의 생활을 스스로 선택하고 가족과 함께 행복해하는 모습을 보고 야만인과 문명인의 영혼(인간적인 본성)은 크게 다르지 않다는 생각이 머릿속에서 떠나지 않은 것이다. 이런 생각은 비글 호에서 노를 젓는 노예들을 보면서 강화되었다. 편견이 무너졌고 세계관이 바뀌고 있었다.

발상의 전환을 경험하는 이들에게는 공통의 경험이 있는데 바로 눈의 정화이다. 마치 지금까지 온갖 것을 보는 데 쓴 헌 눈을 버리고 한 번도 쓰인 적 없는 새 눈으로 갈아 끼운 것처럼 말이다. 옛것을 새 눈으로 바라보면 새것이다. 반대로 새것을 헌 눈으로 바라보면 헌것이다. 다윈이 『종의 기원』을 발표한 것은 이로부터 28년이 지난 1859년, 그의 나이 50세였다.

진화론은 '종이 변한다'를 전제한다. 수천 년 동안 인류를 지배한 생각은 '종이 불변한다' 즉 '신이 창조한 모습 그대로이다'였다. 21세기에도 진화론과 창조론을 둘러싼 논쟁은 늘 예민한데 19세기 초에는 오죽했을까. 그런데 진화론을 최초로 주장한 학자는 찰스 다윈이 아니었다. 친할아버지인 이래즈머스 다윈과 프랑스의 장 바티스트 라마르크를 비롯해 이미 수십 명의 학자가 주장했다. 16세기부터 유럽에 불어닥친 신대륙 개척은 창조론으로 설명하기 힘든 발견들을 끌고 왔다. 여기에는 없는 것이 왜 저기에 있는가? 세상에는 다양한 동식물들이 왜 이토록 많은가? 현재 존재하지 않는 것이 왜 오래된 지질층에서 화석으로 발견되는가? 급기야 1856년 독일 서부 네안데르탈의 석회암 동굴에서 오래된 뼈가 발견된다. 연구는 10여 년에 걸쳐 이루어졌고 결론은 멸종된 별도의 인간 아종이었다. 발견된 지명에 따라 네안데르탈인으로 명명했다. 더 이상 진화론을 틀어막기 힘든 시대였다. 그러나 다윈의 위대함은 '종이 진화한다'를 넘어 '어떻게 종이 진화하는가'를 새 눈으로 발견해서 독창적으로 이론을 전개한 것에 있다. 바로 '자연선택'을 통한 진화 이론이었다.

① 모든 생명체는 실제로 살아남을 수 있는 것보다 더 많은 수의 자손을 낳는다.
② 같은 종에 속하는 개체들이라도 저마다 다른 형질을 가진다.
③ 특정 형질을 가진 개체가 다른 개체들에 비해 환경에 더 적합하다.
④ 그 형질 중 적어도 일부는 자손에게 전달된다.

_『종의 기원』, 찰스 다윈 지음, 장대익 옮김, 사이언스북스

이중 ③이 적자생존으로 가장 많은 오해를 받고 있는 이론이다. 적자생존은 약육강식이 아니다. 우월해서 생존경쟁에서 살아남는 것이 아니라 퇴보하더라도 환경에 적응하면 생존경쟁에서 살아남는다. '살아남는다'의 정확한 의미는 '다음 세대로 유전자를 전달한다'로 우월한 유전자가 전달된다는 뜻이 아니다. 다윈은

인류가 최상의 목표를 향해 진보한다는 이론(사회진화론)을 주장한 적이 없다. 사회진화론을 펼친 이는 영국의 사회철학자 허버트 스펜서로 부적응자는 모두 도태하고 우월한 인간만 살아남아 미래에는 행복한 사회가 된다고 주장했다. 그래서 나온 말이 다윈은 다윈주의를 주장한 적이 없다, 이다. 참고로 허버트 스펜서의 이론은 훗날 제국주의와 인종주의, 우생학 등을 합당화하는 근거로 쓰이게 된다.

다시 제미 버튼, 아니 오룬델리코의 이야기로 돌아간다. 다윈에게 티에라 델 푸에고의 야간족이나 영국 왕이나 종의 기원이 같고 단절 없이 자연선택에 따라 변화했을 뿐인 평등한 인간이다. 다윈에게는 인간뿐 아니라 침팬지도, 지렁이도, 난초도 '생명의 나무'에서 가지로 뻗은 존재들이고 모든 생명체가 평등했다. 인간은 신의 선택을 받은 특별한 존재가 아니었다. 다윈의 진화론은 인간중심의 사고를 전복시키면서 인류에게 새 눈을 선물했지만 시대가 받아들이지 못했고 20세기 중반에야 학자들이 연구하기 시작해 생명과학의 핵심원리가 되었다.

다윈의 진화론은 인류사의 시간 개념도 바꾸었다. 다윈의 시간은 몇백 년, 몇천 년이 아니라 수십만 년, 수백만 년이다. 점진적으로 진화하는 데 걸리는 시간이다. 그는 인류가 상상할 수 있는 과거의 시간을 무한대로 넓힌 최초의 인간이다.

새로운 체험(눈의 정화) + 유연한 사고 + 끈질김 = 입증

7. 어떻게 하면 여성도 국민인가?

_ 수전 브로넬 앤서니(Susan Browneil Anthony, 1820-1906, 미국)

지도자를 선출할 때 선거라는 방식을 처음 도입한 나라는 2천5백여 년 전 고대 그리스였다. 그들은 이러한 체제를 '데모스크라티아Demoskratia'로 명명했는데 그리스어로 '데모스Demos'는 국민, '크라티아Kratia'는 지배를 가리켜 데모스크라티아는 '국민에 의한 지배'라는 의미가 된다. 민주주의를 의미하는 '데모크라시Democracy'의 어원이다. 하지만 이때의 국민에 여성이나 노예는 없었다. 오로지 성인 남성만이 그 국민에 해당했다.

자유와 평등, 박애를 외치며 프랑스 혁명이 진행 중이던 1789년 국민의회가 발표한 '프랑스 인권선언'을 두고 주권재민이라는 근대 민주주의의 기반이 된 중요한 문서라고 하지만 프랑스에서 여성의 참정권을 인정한 것은 놀랍게도 1946년이었다. 앞서 루소 편에서 언급했듯 근대 이후에 평등은 국가권력에 대한 국민의 권리가 중점인데 여기서 여성은 제외됐다. 사실상 여성은 국민이 아니었다.

미국에서는 프랑스보다 26년 빠른 1920년에 여성의 참정권을 인정했다. 그렇게 되기까지 반세기에 걸친 투쟁이 있었다. 1859년 제9회 전미 여성권리대회에서 수전 브로넬 앤서니는 미국 사회를 향해 질문한다. "미국 연방 헌법 전문은 우리 국민의 권리를 보장한다고 되어 있습니다. 그렇다면 여성은 국민이 아닙니까?"

그는 연설에 그치지 않고 국민으로서 행동한다. 1872년 11월 5일 대통령 선거에서 투표한 것이다. 앤서니는 투표권도 없으면서 투표를 했다는, 부정투표 혐의로 체포되어 재판을 받고 벌금 100달러를 선고받는다. 앤서니는 납부를 거부하면서 1870년에 비준된 〈미국 헌법 수정 제15조〉를 근거로 제시했다. 시민에게 투표권을 부여할 때 그 시민의 인종, 피부색 또는 이전의 예속상태에 근거해 투표권 부여를 거부하면 안 된다는 내용이다. 그리고 명연설을 남기는데 그중 일부를 옮긴다.

나는 범죄를 저지르지 않았을 뿐만 아니라 어떤 주의 권력도 부인할 수 없는 미국 헌법이 나를 비롯해 미국 시민 모두에게 보장하고 있는 시민권을 행사했을 따름입니다. (중략) 알고 보니 우리 합중국 국민이란 우리가 아니라 백인 남성이었습니다. 연방을 결성하는 주체 역시 우리 국민 전체가 아니라 남성 시민이었습니다. (중략) 민주주의 공화국 정부가 자유의 축복을 보장하기 위해 마련해 놓은 유일한 수단, 즉 투표용지 사용이 금지된 상황에서 여성에게 자유의 축복을 누리라고 말한다면 그보다 더한 조롱도 없을 것입니다. (중략) 이 정부는 가증스러운 성의 귀족제이자 과두제입니다. 일찍이 지구상에서 이처럼 가증스러운 귀족제는 없었습니다. (중략) 어느 가정을 막론하고 아버지, 남자형제, 남편, 아들을 어머니, 여자형제, 아내, 딸 위에 군림하는 독재자로 만드는 이 과두제는, 남성은 무조건 지배자로 여성은 무조건 피지배자로 못 박아놓고 이 나라 모든 가정에 불화와 알력과 모반을 실어 나르는 이 과두제는 도저히 용납할 수 없습니다.

웹스터, 워체스터, 부비에 사전 모두 시민이란 미국에서 투표권과 공직 출마권을 갖는 사람이라고 정의하고 있습니다. 그렇다면 해결해야 할 문제는 이제 하나밖에 없습니다. 여성은 사람이 아닙니까? 아무리 뻔뻔하다고 할지라도 아니라고 대답할 사람은 아마 없을 것입니다. 여성이 사람이라면 여성은 시민이기도 합니다. 어떤 주도 시민의 권리나 특전을 축소할 목적으로 새로 법을 제정하거나 기존의 법을 강화할 권리는 없습니다. 그러므로 몇몇 주의 헌법과 법률에 나와 있는 여성 차별조항은 흑인에 대한 차별조항과 마찬가지로 이날로 무효입니다.

_『인류의 역사를 뒤흔든 말, 말, 말』,
제임스 잉글리스 지음, 강미경 옮김, 작가정신

앤서니는 1906년 숨을 거둘 때까지 여성의 권익 향상을 위해 국회와 입법부를 상대로 청원활동을 했고 연설을 통해 성 불평등에 대한 인식을 일깨웠다. 1979년 미국정부는 그를 탁월한 시민운동가로 기려 미국 여성 최초로 미국 동전에 기렸다.

부조리한 현실 + 행동 + 시간 = 변화

8. 어떻게 하면 흔한 것이 예술이 될 수 있을까?

_ 앤디 워홀(Andy Warhol, 1928-1987, 미국)

혹시 대영박물관이나 루브르박물관을 비롯한 세계적인 미술관을 관람하면서 이런 의문을 가져본 적 있는가. 왜 이렇게 고대 그리스나 로마 신화, 성경에 나오는 이야기를 그린 그림이 많은가, 하고. 물론 서유럽이 그 문화권이라서 그렇기도 했지만 일례로 17세기 프랑스에서는 회화의 등급이 정해져 있었다. 1등급이 고대 그리스나 로마의 신화, 성경의 교훈적인 이야기를 담은 회화였고 2등급은 왕이나 왕비의 초상화, 3등급이 풍경화였다. 귀족이 아닌 사람들이 일하거나 가정에서 생활을 꾸리는 모습을 담은 회화는 별도로 풍속화라고 칭했는데 경멸의 의미가 담겨 있었다. 신이나 영웅, 왕, 귀족, 신이 창조한 자연을 대상으로 삼지 않은 그림은 예술이 될 수 없었다. 특별한 재능을 가진 예술가가 특별한 대상을 그리고 특별한 사람들이 소유한다. 이것이 미술에 대한 일반적인 인식이었다.

만약 현대회화에도 등급을 매길 수 있다면 어떤 회화가 1등급일까. 고민할 필요 없이 '유명한' 그림이다. 미디어 시대에서 유명세는 꼭 실력과 비례하지 않는다. 그보다 마케팅이나 쇼맨십이 훨씬 효과가 크다. 또한 창작자가 유명인이면 작품은 저절로 유명해지고 그렇지 못할 경우 유명인이 나서서 많이 회자되면 유명해질 수 있다. 이런 공식은 미술뿐 아니라 거의 모든 분야에 통한다.

앤디 워홀은 어려서부터 '나는 언제 유명해지지'라는 말을 입에 달고 살았다. 그만큼 남들에게 주목을 받고 싶은 욕망이 강렬했지만 타고난 성격이 워낙 내성적이고 수줍음이 많아 뜻을 이루기 힘들었다. 그렇게 10여 년 치열하게 내면의 갈등을 겪으면서 찾은 해법은 무엇이었을까.

"이 나라가 정말 멋진 점은 미국에서 가장 부유한 소비자가 가장 가난한 소비자와 본질적으로 같은 것을 구매하는 전통을 시작했다는 것이다. 당신은 TV에서 코카콜라를 볼 수 있고, 대통령이 코카콜라를 마시고, 리즈 테일러가 코카콜라를 마신다는 사실을 안다. 당신도 코카콜라를 마실 수 있다. 콜라는 콜라일 뿐 아무리 많은 돈을 써도 더 좋은 콜라는 살 수 없다. 모든 콜라는 똑같고 모든 콜라가 맛있다."
_『앤디 워홀의 철학』, 앤디 워홀 지음

코카콜라 대신에 캠벨 수프를 비롯한 어떤 캔^{Can}을 넣어도 뜻이 통한다. (단, 모든 사람이 알 만큼 유명해야 한다.) 1960년대는 식료품이 공장에서 대량생산되면서 소비가 최고의 미덕으로 찬양받던 시대였다. 앤디 워홀은 그 방식 그대로 따랐다. 1964년에는 맨해튼에 스튜디오를 짓고 '공장^{Factory}'이라고 명명했고 실크 스크린 기법으로 작품을 (마치 공장에서 똑같이 생긴 캔을 찍어내듯) 대량 복제-생산했다. 누구나 공평하게 코카콜라를 마실 수 있는 것처럼 누구나 예술작품을 가질 수 있도록 했다. 그렇게 생산된 상품을 작품이라고 할 수 있느냐고 이의를 제기하는 이들은 이 시대에도 적지 않지만 일난 고전적인 잣대를 든 것부터 시대에 맞지 않다. (앤디 워홀이 그렇게 만들었다.)

그의 세계는 '나 자신을 표현하기보다는 발명하고 싶었다'고 한 마르셀 뒤샹의 말 그대로였고 기존의 미술과 출발 자체가 아예 다르다. 그는 미술가가 (독창적이지 않더라도) 일상적인 소재로 (소수 엘리트의 인정이 아니라) 대중에게 인기를 얻고 자기 브랜드를 구축할 수 있다는 새로운, 그리고 훨씬 쉬운 해법을 내놓은 팝아트의 아버지였다. 그의 작품에서는 아무런 목소리(주장)도 들을 수 없다. 말이 없고 내성적이지만 유명해지고 싶었던 앤디 워홀과 무척 닮았다.

어려운 문제를 만나면 어렵게 풀려는 경향이 있는데 풀기를 중단하고 문제 자체를 쉽게 만드는 방법도 있다. 성공하면 시대의 트렌드가 된다.

<u>이루고 싶은 욕망 + 시대를 꿰뚫어 반영하기 = 시대의 아이콘</u>

9. 어떻게 하면 좋은 답을 찾을 수 있을까?

_래리 페이지(Larry Page, 1973- , 미국)

모르는 게 있을 때 어떻게 하냐고 물으면 전 세계 사람들이 똑같이 답할지 모른다. "인터넷에 접속한다."

인터넷Internet이라는 명칭은 '네트워크의 네트워크를 구현해서 (모든 컴퓨터를) 하나의 통신망 안에 연결한다InterNetwork'를 줄인 말로 1973년에 처음 명명되었다. 통신망으로서 인터넷의 가장 큰 특징은 '분산 통신망' 방식이라는 점이다. 이전까지는 중앙 통신망 방식으로 중앙이 망가지면 모든 정보가 사라질 수 있었다.

1957년 소련이 세계 최초로 인공위성 발사에 성공하자 미국은 소련이 언제라도 핵미사일을 발사할 수 있다고 판단하고 이에 대비했다. 핵공격을 받아 통신통제센터에 있는 대형 컴퓨터가 파괴되면 국방·군사 관련 정보통신망을 쓸 수 없고 더 이상 전쟁을 수행할 수 없게 된다. 국방부는 어떻게 하면 핵공격에도 군사통신망을 안전하게 보존할 수 있을지 방안을 모색했고 그 답안이 분산형 통신망이었다. 이 경우 전부 파괴하지 않는 이상 통신망을 보존할 수 있다. 이것이 우리가 매일 쓰고 있는 인터넷의 효시이다.

인터넷이 대중화되면서 분산 통신망이라는 본질에 맞게 지식과 정보의 독점화 시대가 막을 내렸다. 누구라도 인터넷에 접속하면 원하는 지식이나 정보를 수집할 수 있다. 그러나 초창기인 1990년대에는 그 방식이 번잡할 뿐 아니라 시간이 꽤 걸렸다. 월드와이드웹www에서 HTM이나 HTML 언어로 작성해서 웹사이트로 링크를 타고 들어가는 식이었기 때문이다. 그 시절 자료를 찾기 위해 무지무지하게 검색했던 경험을 돌아보면 도서관에서 일일이 자료를 찾지 않고 컴퓨터에서 자료를 찾을 수 있다는 사실 자체가 경이롭고 고마웠지만 정작 맞춤한 정보를 찾는 데는 시간과 운이 더 크게 좌우했던 것 같다. 도움 안 되는 검색 결과가 절반 이상이었던 것이다. 결국 도서관과 월드와이드웹 두 가지를 병행해야 했다. 비슷한 상황에서 어떻게 하면 인터넷에서 좋은 답을 찾을 수 있을지 방법을 모색한 청년이 있었다. 스탠퍼드 대학원에서 박사논문 주제를 찾고 있던 래리 페이지였다.

구글이 최초의 검색엔진은 아니다. 그러나 래리 페이지와 세르게이 브린이 창안한 검색 랭킹 알고리즘 기술인 페이지랭크[PageRank]는 웹 검색에 혁신을 일으켰고 1998년 창립 이후 현재까지 세계 최고의 검색 엔진이라는 위치를 지키고 있다. 무엇보다 대부분의 검색 엔진들이 포털로 변신했지만 구글은 변함없이 검색으로만 승부를 하고 있으며 그들의 목표는 이러하다. "구글의 목표는 전 세계의 정보를 체계화하여 모두가 편리하게 이용할 수 있도록 하는 것입니다." 한마디로 전 세계 모든 정보를 구글로 꿸 수 있도록 하겠다는 소리다. 이에 따라 위치 정보(구글맵), 천문학 정보(구글스카이), 세계지리와 우주탐색(구글어스), 세계 해양 수면과 해저지형(구글오션), 전 세계 서적과 잡지의 전문 검색(구글북스), 전 세계 수천 곳의 발행사에서 선별한 뉴스(구글뉴스) 등으로 정보를 체계화하고 있다.

2005년 안드로이드를, 2006년 유튜브를, 2014년에는 딥마인드를 인수했으며 2015년 알파벳이라는 지주회사로 변신했다. 구글링을 통해 이용자들이 무엇을 하는지 알았다면 이제 무엇을 하고 싶어하는지까지 (정작 당사자들은 몰라도) 알고 있다. 구글의 검색엔진이 "네가 원하는 게 바로 이거 아니야?"라고 말하는 것처럼 광고를 띄운다. 그러면 어느새 홀린 듯이 손가락이 클릭하고 있다. 2023년 연간 매출액은 한화로 424조 2,037억 원이었다. 위대한 IT기업은 여럿이지만 '정보의 신'이라고 불리는 기업은 구글이 유일하다. 그 시작은 '어떻게 하면 좋은 답을 쉽고 편하게 찾을 수 있을까?'라는, 나도 가졌고 당신도 가졌던, 불편함에 따른 지적 욕구였다. 차이라면 구글의 창업자들은 방법을 구체적으로 모색해서 행동으로 옮겼고, 나는 말로만 했다는 것이다. 질문은 나의 욕망을 해소하고 세상을 바꿀 수 있는 첫 걸음이다.

발상의 전환 3

불편함에 '어떻게?'와 '어떻게 하면?'을 붙여보자

▼

어떻게 불편해?
어떻게 하면 이 불편함을 해결할 수 있을까?

우리는 질문하는 대로
답을 찾는다.

능력보다는
질문하는 힘이 중요하다.

뇌 역시
그렇게 반응한다.

_토니 로빈스(작가, 심리학자)

질문의 격

초판 1쇄 발행 2025년 5월 25일
초판 3쇄 발행 2025년 6월 5일

지은이 유선경

펴낸이 한선화
편집 이미아
디자인 [★]규
홍보 김혜진
마케팅 김수진

펴낸곳 앤의서재
출판등록 제2022-000055호
주소 서울 서대문구 연희로 11가길 39, 4층
이메일 annesstudyroom@naver.com
인스타그램 @annes.library

ISBN 979-11-94877-00-4 (03100)

- 이 책은 저작권법에 따라 보호받는 저작물이므로 무단 전재와 복제를 금합니다.
- 책값은 뒤표지에 있습니다.
- 파본은 구입하신 서점에서 바꾸어드립니다.